VOYAGE AU CENTRE DU POUVOIR

JOSÉ FRÈCHES

Voyage au centre du pouvoir

La vie quotidienne à Matignon au temps de la cohabitation

ÉDITIONS ODILE JACOB
15, rue Soufflot, 75005 Paris

ISBN 2-7381-0066-X

Introduction

> « Ce qui fait ma faiblesse dans le présent, et qui fera ma force dans l'avenir, c'est que je n'accorde à aucun parti le dernier mot. »
>
> Victor Hugo

Le pouvoir se raconte rarement. Il s'exerce. Les hommes de pouvoir consentent, au soir de leur vie, à livrer leurs mémoires. Mais elles sont obligatoirement autojustificatrices et hagiographiques. Qui plus est, l'homme politique peut difficilement se laisser aller au naturel. Dès qu'il laisse transparaître ne serait-ce qu'une once de doute ou de remords, voilà qu'on lui reproche de dévoiler publiquement sa faiblesse. Or en politique n'ont gagné que ceux qui ne se sont jamais déclarés vaincus. La déception, voire le désespoir, il faut les cuver en silence, à l'abri des regards. Puis, un beau jour, on finit par rebondir. Les obstacles, soudain, se transforment alors en marches qui vous portent au sommet du podium.

Admettre la relativité du pouvoir, c'est pécher contre soi-même lorsqu'on prétend l'avoir exercé. Quel ministre oserait avouer qu'il ne dispose réellement d'aucun pouvoir si ce n'est celui du verbe? Quel est celui qui rendra compte des avanies ou des humiliations que lui fait subir quotidiennement tel conseiller de l'Élysée ou de Matignon? Qui dira, un jour, ce que signifie appartenir à l'entourage d'un grand leader : le maniement des choses et des hommes; la toute-puissance pour l'extérieur; le souci de paraître compter dans un dispositif; cette dérive inéluctable vers l'identification; la relativité des choses, lorsqu'on pénètre le dispositif; les petites choses de l'existence et cette pusillanimité qui, comme ailleurs, accompagne les plus grandes choses. Bref, la vie, quoi.

On ne juge de la réalité du pouvoir que lorsqu'on le perd. Ce qui paraissait naturel (j'appuie sur un bouton, l'huissier arrive; j'appelle un ministre sur l'interministériel, il décroche; je convoque un grand P-DG de la place, il vient) devient soudainement mythique. Ces coups de fil, ces audiences, ces instructions manuscrites en trois lignes, toutes ces procédures très banales par lesquelles on dirige la République, on s'aperçoit que d'autres peuvent les donner aussi efficacement que soi-même. On se dit : n'était-ce que cela? Pourtant, ça n'est jamais aussi étincelant que ce que l'on croit. Quand Françoise Giroud, lucidement, raconte l'inanité de ses pouvoirs de ministre, elle se brouille avec toute la classe politique qui, depuis, s'en méfie. Elle trahit son camp quelle qu'en soit la bannière.

Et pourtant, la fonction ministérielle provoque plus de pulsions démissionnaires qu'on l'imagine. Ç'en devient lassant. Car il y a les démissions (généralement refusées la main sur le cœur) dont la presse fait état. Mais ce serait sans compter les drames quotidiens vécus par les ministres qui, d'arbitrages perdus en réformes sabotées, entament un long chemin de croix dont personne ne se doute, si ce n'est leur entourage immédiat et le directeur de cabinet du Premier ministre vers lequel convergent tous ces pleurs et tous ces grincements de dents, qui va les conduire au statut d'ancien ministre. Un ancien ministre, au demeurant, ne rêve que d'être à nouveau ministre, tant la condition « d'avoir été » et « de ne plus en être » est difficile à supporter.

Plus on monte dans la hiérarchie du pouvoir et, paradoxalement, plus on est fragile. On est la cible des autres : de la presse, de l'opposition, et de ses collègues moins bien lotis. Plus on se sent poindre un destin « matignonien » et plus les coups pleuvent. Quant au Premier ministre, la pratique des institutions de la Cinquième République montre bien que, dans le couple qu'il forme avec le Président, c'est évidemment celui-ci qui a le dernier mot dans le divorce qui, un jour ou l'autre, finit pas rompre l'idylle. Plus on est haut dans une hiérarchie et plus le lien hiérarchique est fort avec votre supérieur. Un mot du Président de la République et voilà le Premier ministre contraint à démissionner. Une engueulade dudit Premier ministre et voici une excellence qui, piteusement, dément une déclaration qu'elle vient de faire à la presse.

Solidarité gouvernementale! Que n'a-t-on brimé, bridé, bâillonné et jugulé en ton nom! Fichu métier que celui de membre du gouvernement, un pied sur le Capitole et l'autre, balançant dans le vide, à l'aplomb de la roche tarpéienne.

Tandis que, sur l'estrade, les ministres se meuvent, prennent des coups et les rendent, la technocratie, plus forte que jamais, gère l'État. Gestion : c'est évidemment l'inverse de la politique. Économiser, réduire les dépenses, brimer les corporatismes, agir au nom « du contribuable » et plus en celui « des électeurs » : tels sont les principes que les technocrates de tous bords politiques essaient de mettre en application. Souvent, ils y réussissent, conduisant le pouvoir politique droit à l'échec électoral. Ce pouvoir, là aussi, mérite d'être disséqué et, pour ainsi dire, relativisé, même s'il a une réalité bien plus tangible que le précédent.

***

Cohabitation. Le mot-valise est lâché, qui fera les beaux jours de politologues pendant deux ans. Cohabitation, politique, technocratie : ce sont les bases d'un cocktail assez étonnant. Raconter ce cocktail. Tenter d'en donner – a posteriori – la recette, comme si les ingrédients s'étaient trouvés là par hasard, selon un concours de circonstances dont l'histoire a seule le secret : tel veut être le propos de cette chronique des bons et des mauvais jours au pouvoir, où je ne veux critiquer quiconque, et encore moins blesser personne, mais simplement raconter de quoi est faite la vie quotidienne dans les sommets de la République.

Faut-il tout dire? Faut-il évoquer les coups de fil désespérés de Joëlle Kauffmann au directeur de cabinet du Premier ministre, menaçant « de tout balancer aux journalistes »? Faut-il publier ces mots assassins sur tel ou tel écrit par des plumes assez innocentes pour coucher sur le papier leur signature. Faut-il évoquer ce jour d'avril 1987 où le Premier ministre reçoit un petit mot d'Éliane Fontaine, femme de l'otage Marcel Fontaine? « Récidive de mon fils B.W. qui n'a que ce seul moyen pour vous communiquer son désarroi et son indignation devant le temps qui passe. Que les promesses deviennent réalités. » Cette petite carte écrite avec application accompagne un dessin hallucinant où l'on voit quatre otages bâillonnés et vêtus de treillis passant dans un étau dont une borne, surveillée par Jacques Chirac, porte l'inscription : « Fermeté/Détermination » et l'autre, devant laquelle se profile la silhouette de Khomeiny, « Patience ». Derrière les otages se détache le chiffre 2 comme deux ans d'attente. Ce dessin d'un enfant qui cherche son père en dit plus sur la tragédie vécue par les familles que les innombrables gloses et récits qui ont accompagné la captivité et la libération des otages. C'est cela, aussi, le pouvoir : côtoyer le drame en permanence; se rendre compte que, derrière les calamités et les faits divers, il y a des gens qui comptent sur vous parce que vous dirigez les affaires de la République.

Mais comment peut-on raconter tout cela de l'intérieur sans trahir cette intimité dans laquelle on est entré parce qu'on a bénéficié de la confiance d'un homme?

Et pourtant, l'exercice, qui demande de se soumettre à quelques règles strictes, vaut témoignage. Pourquoi ne pourrait-on pas, précisément, témoigner en toute simplicité de ce qu'on a vécu, dans des circonstances uniques, auprès d'un leader politique pour lequel on éprouve respect et admiration? A défaut d'être Saint-Simon, on se doit, certains soirs, quand on a le goût de la mémoire, et le souci de l'écriture de consigner sur un carnet ce qu'on a vu et entendu. Cette parcelle de vérité, fût-elle aussi particulière, n'a qu'un mérite : elle n'engage que son auteur.

***

Quant à la genèse de ce travail elle est simple. J'ai l'habitude de tenir mon agenda bien à jour. C'est en feuilletant ces éphémérides que les souvenirs, soudain, remontèrent à la surface, par bouffées. Il était tentant de les transcrire en notes.

J'ai pris le soin d'expurger tout ce qui relevait du devoir de discrétion auquel je dois souscrire et parfois – très rarement – du secret d'État, ou à tout le moins de ce qui en tient lieu et qui sera publiable plus tard, lorsque le temps se sera donné ce qu'il faut à lui-même pour que, les passions apaisées, les historiens puissent, en toute quiétude, accomplir leur travail.

CHAPITRE I

De nouveaux meubles et des habits neufs

25 mars 1986

Depuis ce matin, je suis dans de nouveaux meubles. Entre deux giboulées, le soleil éclaire la cour hélas perpétuellement transformée en parking de cet élégant hôtel Matignon où, depuis trois jours, un va-et-vient incessant de camionnettes dans lesquelles on enfourne des cartons d'archives témoigne de l'installation d'un nouvel hôte. A vrai dire, je ne suis pas arrivé le premier dans ces lieux. Quelques jours auparavant, Maurice Ulrich a été dépêché par le maire de Paris pour y mettre au point la passation des pouvoirs entre Fabius et Chirac – poignée de main souriante sur le perron au pied duquel a été déroulé le tapis qui sert à accueillir les personnalités étrangères – mais aussi pour recevoir des mains de Jacques Fournier, le secrétaire général du gouvernement, et de Louis Schweitzer, le directeur de cabinet du Premier ministre, la décharge permettant de disposer des fonds spéciaux, avec les principales consignes qui traduisent ce qu'on appelle, dans un mélange de vérité et d'hypocrisie, la « continuité de l'État ».

Le cabinet Fabius a fait, comme il se doit, place nette. Nous trouvons des bureaux aux tiroirs vides et des coffres-forts dont nous ignorons la combinaison. Après intervention du serrurier de l'atelier de Matignon, ces armoires blindées livreront enfin leurs secrets : la vacuité. Tout cela sent un peu le départ précipité mais c'est une loi du genre. Nous trouverons quelques factures laissées par nos prédécesseurs. Roussin, qui allait devenir le chef de cabinet du Premier ministre, honorera ainsi quelques dépenses faites par certains membres du gouvernement Fabius. Certaines, comme celles d'Yvette Roudy, ministre des Droits de la Femme, remontent à 1983. A défaut de continuité de l'État, on parlera donc de sportivité, qui honore son auteur.

La semaine précédente, Jacques Chirac a eu, avec François Mitterrand, la conversation qui devait sceller le cadrage de ce qu'on appelait déjà la « cohabitation ». Je n'étais pas sous la table, bien entendu, lorsque les deux hommes se virent, dans ce contexte presque irréel tant il était nouveau sous la Cinquième République où un Président, par la force des choses et du suffrage universel, allait pour la première fois présider un Conseil des ministres dont les membres n'appartenaient pas à son bord politique. J'imagine sans peine la tension de leurs regards, le mélange du non-dit et du dit, de l'implicite et de l'explicite des formules sur le mode du « laissez-moi gouverner » de Jacques Chirac et de la « Constitution, rien que la Constitution, mais toute la Constitution » de son interlocuteur; je devine que les deux hommes ont alors pris conscience qu'ils auront fait, ce jour-là, chacun pour ce qui le concerne, un gigantesque pari.

En attendant, à cheval! Il faut gouverner. Et à Matignon on se met au travail.

Je fais partie, avec Ulrich, Roussin et Baudouin, de l'équipe de l'Hôtel de Ville que Chirac a souhaité emmener avec lui, comme nous disions depuis quelques mois, « pour traverser la Seine ». Nous nous attendions au résultat des Législatives de mars 1986. L'Hôtel de Ville, tel un porte-avions amiral, croisait au large des côtes du pouvoir depuis quelques années, avec à son bord quelques avions bien armés et entraînés qui allaient devenir ministres (Pandraud, Cabana, Bariani, Galland et Juppé) et des barges de débarquement dans lesquelles j'avais pris place, avec d'autres qui, de leur côté, allaient rejoindre des cabinets ministériels, qui, à l'Intérieur, aux Dom-Tom ou à la Culture et même à la francophonie, laquelle allait prendre des allures d'annexe de l'Hôtel de Ville à en juger par la densité de conseillers techniques en provenance de la mairie au mètre carré de ce ravissant hôtel de Cassini où Lucette Michaux-Chevry avait pris ses quartiers.

En ces jours de lendemains qui chantent d'une élection où pourtant – proportionnelle aidant – la majorité ne fut acquise qu'à trois sièges près, le microcosme technocratique connaissait une agitation inhabituelle. Le téléphone – numérique et arabe – fonctionne à plein régime. Alors, les agendas se feuillettent fébrilement; les uns se rappellent au bon souvenir des autres; tel excipe d'une vieille amitié sortie – parfois on ne sait d'où – du fond des âges : les grognards recrutent les ouvriers de la vingt-cinquième heure : les cabinets sont en cours de constitution.

Les équipes se forment autour des ministres. Ce sont souvent des attelages hybrides où les purs produits du système méritocratique se mêlent aux baroudeurs fidèles depuis des années au « patron » qui l'ont généralement accompagné dans la traversée du désert que constitue, pour tout homme politique, la période d'opposition. Les ministres néophytes peuvent se voir ainsi imposer un énarque qu'ils ne connaissent ni d'Ève ni d'Adam, recruté au vu de son pedigree ou du « must » que constitue l'appartenance à un grand corps de l'État.

Pendant quelques jours, ses membres sont nommés mais le gouvernement ne peut gouverner : les ministres n'ont pas encore reçu leur décret d'attributions. L'objectif est clair, pour tout le monde, du ministre au simple chargé de mission officieux : marquer son territoire et s'efforcer d'en avoir un aussi beau et vaste que possible. Il existe deux catégories de ministres : ceux dont l'importance fait qu'ils possèdent d'office leur aire d'atterrissage – l'Intérieur, l'Agriculture, le Quai d'Orsay, la Culture et la Justice, l'Éducation et la Défense, par exemple – et les autres, qui comprennent les ministres-délégués et les secrétaires d'État, pour lesquels commencent les grandes manœuvres destinées à disposer d'un bureau qui doit impérativement être situé dans ce périmètre quasi sacré qui part des Invalides et aboutit au boulevard Saint-Germain. Deux zones restent encore possibles, formées de deux pseudopodes sur la rive droite car la France gouverne sur la rive gauche de la Seine, avec le pâté (de taille!) Élysées-Intérieur et l'aile du Louvre encore occupée par le ministère des Finances avant son départ – qui ne saurait tarder – pour la barre aussi massive que néo-classique de l'architecte Chemetov à Bercy. Pour ceux-là, qui sont, par ailleurs, souvent, des néophytes, le choix est cornélien : si l'on est trop près de son ministre, on risque d'être phagocyté; si l'on en est trop loin, les dossiers vous échappent. Pandraud et Pasqua, sagement, choisiront deux bureaux côte à côte. Dans d'autres cas, ce sera plus délicat. C'est ainsi que Philippe de Villiers se fera prier de rester à trois portes de son tuteur, rue de Valois, après qu'il eût manifesté son souhait de s'installer à l'hôtel de Gallifet, qui échut en définitive à Hervé de Charette, fonction publique oblige. Lorsque André Santini sera nommé à la

Communication, en septembre 1987, il ne pourra même pas disposer de bureaux rue de Valois pour loger son cabinet. Ses collaborateurs continuèrent à occuper les locaux du ministère des Rapatriés, avenue Charles-Floquet. Il ne fallait pas moins d'une journée pour que les dossiers circulent entre le ministre et ses collaborateurs. Plusieurs semaines de rodage furent nécessaires pour qu'un circuit de signature s'établisse enfin, qui ne soit pas un méandre. Il est vrai que la République n'est pas avare en cyclistes...

Le marquage du territoire devait prendre une dimension particulière avec ce qui allait devenir, quelques semaines plus tard, « l'affaire du Grand Louvre ». Depuis Napoléon III, le ministère des Finances occupe, dans l'aile nord du Louvre, une série de salons pompeusement chamarrés, autrefois occupés par le duc de Morny qui font partie des appartements privés dévolus au ministre, dont les pièces sont séparées par de lourdes tentures damassées, ce qui confère à ces lieux un luxe à la fois cossu et désuet typique des endroits où les grands financiers de ce monde aiment se retrouver. Côté jardin – et pyramide –, des bureaux solennels s'alignent sagement – dont la belle pièce tendue de grenat où travaille le grand argentier de l'État, le long du fameux « couloir du cabinet » où sont installés ses membres, rangés par ordre d'importance (la proximité du ministre étant, en général, proportionnelle au grade de l'intéressé). En dessous du Saint des Saints, et débordant largement vers le musée des arts décoratifs, on trouve surtout l'invraisemblable capharnaüm des deux directions « nobles » de la citadelle Rivoli que sont le Trésor et le Budget où les inspecteurs des Finances et les administrateurs civils sortis des premiers rangs de l'ENA s'entassent dans de sordides bureaux dont les hauts plafonds ont été coupés pour gagner des surfaces bureaucratiques et où il n'est pas rare de cohabiter avec un secrétaire dont la table de travail jouxte votre table de décharge. La persistance – pour ne pas parler de l'entêtement – de l'administration des Finances à demeurer dans ces lieux si incommodes qu'on les dirait insalubres m'a toujours étonné. Est-ce le fait de faire face au Palais Royal où siège le Conseil d'État, avec lequel « l'Inspection », piteusement logée au-dessus du garage dans un angle de la première cour, a toujours entretenu cette rivalité feutrée qui fait périodiquement surface lors du classement de sortie de l'ENA, quand chacun de ces corps se livre à une opération de séduction assortie de perspectives de carrière mirifiques vis-à-vis du major? Est-ce la possibilité de se retrouver à l'infâme cantine du ministère, au sous-sol hideux d'un immeuble des années 50, où il est de bon ton de se rassembler entre jeunes hommes pressés vers deux heures de l'après-midi pour se mettre sous la dent la côte de porc charcutière tout en refaisant le monde... économique et financier? Il est, je crois, une autre raison, bien plus décisive celle-là : aucun ministre des Finances n'a jamais aimé se trouver loin de son administration. Il en est le commandant suprême mais également l'otage. La puissance de la rue de Rivoli – nous en reparlerons plus loin – est là, dans cette imbrication entre les technocrates de haut vol, les collaborateurs du ministre dont l'essentiel est obligatoirement issu des services mêmes de la rue de Rivoli et le ministre lui-même.

Quelques jours avant le tour unique des élections législatives du 16 mars 1986, Pierre Bérégovoy et l'Élysée ont tenté de rendre irréversible le départ de l'hôtel du ministre qui s'était opéré, au mois de janvier précédent, vers les locaux dévolus traditionnellement au ministère de l'Équipement du boulevard Saint-Germain. Bérégovoy avait alors consenti, sur instructions expresses de la Présidence de la

République et de la « mission de coordination des grands projets », à déménager, avec son cabinet, dans l'hôtel du ministère de l'Équipement, boulevard Saint-Germain, occupé par son collègue Quilès – prié d'aller ailleurs. Au début mars, les marteaux-piqueurs s'étaient attaqués aux murs de plâtre du « couloir du cabinet », situé précisément au-dessus de la cour où doivent, selon le programme muséographique du Grand Louvre, être exposées les sculptures monumentales du baroque européen. Lorsque Édouard Balladur se rend sur les lieux, au moment de sa prise de fonctions, les gravats jonchent les planchers et les plafonds, béants, laissent entrevoir les charpentes de la galerie.

L'arrêt immédiat des travaux est ordonné. Les cloisons seront remontées afin de permettre au cabinet de se réinstaller dans ses murs. Édouard Balladur va déclencher cette guerre de tranchées politico-esthétique qu'on appellera l'affaire du Grand Louvre. En attendant, Alain Juppé s'installe dans un immeuble cossu de la rue du Bac qui abrita pendant de longues années le service de la gestion de la dette publique et Édouard Balladur prend possession des bureaux de Pierre Bérégovoy. Quant à Camille Cabana, qui héritera du portefeuille de la privatisation, le ministre d'État lui allouera un bureau solennel, quoique sombre – il me fera penser, lorsque j'y pénétrai pour la première fois, à l'étude d'un gros office notarial –, au mobilier napoléonien et massif, situé au rez-de-chaussée de la cour du Louvre, avec vue sur le trou béant sur lequel, au fil des mois, défi permanent lancé par les arts et l'Élysée à la technocratie financière, allait s'ériger la pyramide en verre « Saint-Gobain spécial » imaginée par l'architecte sino-américain I.M. Pei.

En attendant, il me faut trouver un bureau. Ulrich a déjà pris possession du sien. Il occupe le fauteuil de Laurent

Fabius, de Pierre Mauroy et de Raymond Barre, dans la pièce centrale du premier étage de l'hôtel du Premier ministre. De dimensions vastes – elle doit bien faire 60 m^2 –, elle forme un arrondi en pignon vers le parc. Il y a deux coins salon. Le premier en face du bureau, à gauche de la double porte capitonnée, devant une belle cheminée dans laquelle je ne vis brûler aucun feu; l'autre, vers le parc, où un vaste canapé assorti de fauteuils – le tout Louis XV – permet de deviser agréablement autour d'une tasse de café ou de thé que le directeur de cabinet offre volontiers à ses collaborateurs; à gauche du directeur, vers le mur : les attributs du pouvoir : le coffre-fort, de dimensions modestes mais recouvert – pudiquement? – d'une housse beige [1], et une batterie de téléphones : interministériel, régis et classeur à vingt touches avec les principaux collaborateurs de Matignon. Le bureau du Premier ministre jouxte celui du directeur. De dimensions plus modestes, il est à la fois plus intime et plus lumineux. Des canapés confortables font face à la cheminée. Les mois d'hiver, on y fait du feu avec des bûches taillées au millimètre qu'un des trois huissiers à chaîne apporte avec autant de soin que s'il s'agissait d'une pile de parapheurs. Sur les murs, on peut admirer deux belles toiles classiques, l'une de Poussin et l'autre de Claude Gellée, déposées par le Louvre. Sur des commodes, un beau cheval Tang amené par Chirac de l'Hôtel de Ville et, surtout, un bronze sublime de Camille Claudel – deux corps nus qui s'étirent et s'enlacent. La table de travail du « Premier », comme nous disons, est rarement encombrée. Il pratique la technique pompidolienne de la « table vide » : tout dossier traité est remis

1. Il contient, entre autres secrets d'État, un rapport manuscrit de l'amiral Lacoste sur le déroulement complet de l'affaire Greenpeace.

immédiatement à son destinataire. Derrière son fauteuil, une somptueuse tapisserie des Gobelins occupe tout le pan du mur. La République française est raffinée. Le mobilier national a du bon et du beau.

Pourquoi Jacques Chirac a-t-il choisi d'occuper ainsi le bureau de Georges Pompidou, au lieu de prendre possession du bureau traditionnellement occupé par le chef du gouvernement, comme il l'avait d'ailleurs fait en 1974? L'explication donnée par l'intéressé lui-même est simple : sentimentalement, cela lui avait pesé, quelques mois après la disparition de Pompidou, de s'asseoir dans ce fauteuil. Ainsi, Chirac n'avait-il pas souhaité – ou osé – investir l'endroit où il avait vu vivre et gouverner celui qui l'avait lancé, par un beau printemps de 1967, dans l'arène politique. En 1986, le choix fut différent. La cohabitation entre Mitterrand – installé dans le bureau du Général – et Chirac allait se jouer à l'endroit même où le tandem de Gaulle-Pompidou avait œuvré à la tête de l'État. Autres temps, mêmes lieux.

Pour le conseiller technique de base, la recherche d'un bureau convenable s'apparente à une course d'obstacles parsemée d'embûches diverses. D'autant qu'à Matignon, rien n'a été fait pour permettre au cabinet du Premier ministre de travailler dans des conditions confortables. Hors de question de prétendre loger dans le corps central de l'Hôtel. Le rez-de-chaussée est partagé entre les bureaux du secrétaire général du gouvernement, trois salons de réception en enfilade, et la salle du Conseil de cabinet. Restent deux bureaux, l'un aussi délicieux que minuscule aux boiseries Régence que Denis Baudouin allait se réserver; l'autre, plus noble, aux dimensions confortables, donnant sur le hall d'entrée d'où part l'escalier qui monte à l'étage, sur lequel la conseillère sociale du Premier ministre, l'énergique Marie-Hélène Bérard, eut tôt fait de jeter son dévolu, malgré l'inconvénient – réel – de servir le lieu de passage pour les visiteurs de marque accueillis par le perron central. Alors, une rangée de paravents préserve des regards indiscrets de MM. Mobutu, Shimon Perez, ou de Mme Thatcher les conciliabules de la « cellule sociale de Matignon ». Parmi tous les visiteurs reçus, un seul était suffisamment grand pour pouvoir éventuellement jeter un coup d'œil par-dessus ces paravents : Helmut Kohl aura été le seul, aux dires de Marie-Hélène, « dont la tête dépassait ».

Au premier étage, les places sont encore plus chères : il s'agit, on l'a vu, de l'étage du Premier ministre lui-même. Le conseiller économique et financier, successivement François Heilbronner et Emmanuel Rodocanachi, dispose de la pièce qui fait pendant à celle occupée par Maurice Ulrich par rapport au bureau du « Premier ». Reste le secrétariat particulier, dans une vaste pièce en rotonde donnant sur la cour, qui jouxte le bureau du chef de cabinet Michel Roussin. Le « SP » comme on dit à Matignon, est un peu le dernier salon où l'on cause, en raison de sa localisation géographique – il sert également d'antichambre pour les intimes – et surtout de la présence de Denise Esnous, qui assume depuis 1974 auprès de Jacques Chirac, les fonctions essentielles de la tenue de son agenda, du filtrage téléphonique et épistolaire, qu'elle occupait déjà auprès de Georges Pompidou. Le bureau du « SP » est perpétuellement encombré des cadeaux en tous genres, le plus souvent de pacotille, qu'un Premier ministre reçoit tous les jours. Cela va des chocolats aux vins de France, en passant par des pièces montées plaquées or offertes par les visiteurs du Moyen-Orient. Longtemps, on put y apercevoir un cheval en ivoire, cadeau d'un émir. Un jour, l'afflux de masques nègres fut tel que chaque conseiller technique en reçut un, avec une petite carte lui apportant les compliments du « Premier ».

Deux possibilités s'offrent à moi. Soit rester au « 57 », non loin du bâtiment noble mais dans les petites pièces obscures et tristes dignes d'une recette-perception de quatrième catégorie, avec vue sur les cuisines et fumet garanti en permanence, soit se résoudre à traverser la rue de Varenne pour aller au « 58 » et au « 56 ». Le « 58 » est l'hôtel particulier situé en vis-à-vis. La façade en est haute et noble. Au fond d'une cour pavée passablement romantique, le secrétaire d'État aux Droits de l'Homme Claude Malhuret y trouvera son bonheur, ce qui vaudra au jeune maître des requêtes au Conseil, son directeur de cabinet, d'être admis – passe-droit inusité quand on connaît les prérogatives jalouses des équipes ministérielles – à la popote du cabinet du « Premier ». Deux bureaux nobles, au premier étage, donnent sur la rue de Varenne. Lorsqu'il fait du soleil, on y étouffe. On y entend le va-et-vient permanent des motards qui franchissent le porche de Matignon. Ces pièces ont gardé leurs boiseries d'origine. Elles sont malheureusement gâchées par un jus de peinture trop épais et mériteraient un bon décapage. Noblesse oblige, il fut décidé qu'elles seraient réservées à deux personnalités éminentes : Jacques Foccart, qu'on ne présente pas et Jacques Pélissier, préfet et directeur du cabinet de Jacques Chirac en 1974, lorsqu'il devint Premier ministre de Giscard. Les autres pièces du « 58 » sont aussi exiguës que celles annexes de l'hôtel principal. Je découvris ainsi le bureau bas de plafond, à l'entresol, coincé entre un débarras et un couloir, que Chirac avait occupé lorsqu'il entra au cabinet de Pompidou en 1962 comme modeste chargé de mission. Une simple rue le séparait de son bureau actuel, mais que de chemin parcouru !

Grâce à Michel Roussin, auquel me lie une complicité professionnelle – j'ai effectué mon service militaire dans les services spéciaux, à l'époque c'était encore le SDECE – j'ai le privilège de pouvoir disposer d'un élégant bureau au premier étage – sur jardin s'il vous plaît – du « 56 ». Comme le « 58 », le « 56 » a été racheté il y a quelques années par les services de Matignon qui, au fil du temps, font tache d'huile et craquent de toutes parts dans leurs bâtiments qui tiennent davantage du monument historique que du complexe de bureau pratique et moderne comme il en pousse un peu partout dans les quartiers d'affaires. Ceux qui aiment, comme moi, les antiquités seront, de ce point de vue, servis. Le « 56 » est un ravissant hôtel particulier logé au fond d'une cour qui, hélas, aurait besoin d'un bon ravalement. Le bas est encore occupé par un vieux monsieur – à majordome – qui dispose du jardin abandonné au-dessus duquel je passerai vingt-cinq mois. Parfois, les fenêtres entrouvertes laissent apercevoir un mobilier somptueux et ce qui m'a paru être une éblouissante série de dessins vénitiens. Sa cuisinière est experte en mets bourgeois si j'en juge par les effluves qui remontent matin et soir dans le réduit où se trouvent mon armoire-forte et ma photocopieuse. Les combles de l'hôtel particulier abritaient l'appartement d'Aragon que Pompidou avait souhaité laisser dans ces lieux et qui y mourut. La salle de bains en était constellée de graffitis de l'auteur des *Yeux d'Elsa*. Elle a été démolie lors de travaux d'aménagement effectués au cours de l'hiver 88 pour abriter le cabinet militaire du Premier ministre. Des soldats ont, à présent, succédé au poète.

Lorsque je prends possession de mon territoire, une partie du premier étage est encore occupée par la mission « Banlieues 89 » de l'architecte Roland Castro. Curieuse tranche de vie que cette superposition entre la couche « vieille

France » des valets à veste rayée et celle des sociologues barbus qui confabulent sur des thèmes du type : « Impact de la nouvelle pauvreté et environnement existentiel dans les grands ensembles de la périphérie » ou encore « fête et gestuelle architecturale »... Tandis que mes pauvres sociologues classent leurs dossiers dans d'un invraisemblable bric-à-brac où l'on trouve, pêle-mêle, des planches à dessin, des maquettes et un véritable équipement pour faire dînette au bureau, frigo et plaque chauffante compris, je fais connaissance avec mon nouveau gîte. Je remarque, partout, des radars. Sur le mur, une carte du monde : une punaise rouge a été plantée à l'endroit de la Nouvelle-Calédonie : je me retrouve dans le bureau dévolu à E. Pisani lorsqu'il était ministre de ce territoire. Je me garderai bien d'enlever la punaise qui restera ainsi, fichée au mur, souvenir improbable de mon prédécesseur dans ces lieux, symbole de ce gros caillou arrimé dans l'océan Pacifique sur lequel viendra se briser la cohabitation deux ans plus tard.

La pièce est belle et d'agréables proportions quoique tendue d'une méchante soierie de couleur moutarde. Elle s'ouvre sur des enfilades de jardins extraordinaires, véritables havres de paix où sont plantés des arbres séculaires, toujours désespérément vides d'enfants, de jeux et de cris, comme il s'en cache derrière les façades de la plupart des hôtels du faubourg Saint-Germain. A droite, s'étend le parc de la résidence de l'ambassade d'URSS, rue de Grenelle. Rien de plus facile, à l'aide d'un bon micro directionnel et d'une caméra sensible, que de capter la moindre conversation et de savoir ce qui se trame dans les murs du ministère de la Nouvelle-Calédonie puis dans ceux du conseiller chargé des Affaires de communication! Le PAF [1],

1. Paysage Audiovisuel Français.

à cet égard, risque moins d'intéresser le KGB que l'évolution politique du gros caillou. Encore sait-on jamais!

Les ustensiles de la cuisine du pouvoir

Le pouvoir est une cuisine. Il a ses recettes. Sucré ou salé, selon; il a surtout ses ustensiles dont Matignon détient une batterie complète.

Le cabinet du Premier ministre est traditionnellement organisé selon une hiérarchie précise. L'équipe est chapeautée par le directeur de cabinet. Puis, viennent les « conseillers auprès du Premier ministre », ensuite les « conseillers techniques » enfin les « chargés de mission » [1]. Ce sont là les membres officiels dont la liste est publiée au *Journal officiel*. Car il y a aussi les « officieux », très nombreux dans le cabinet de Pierre Mauroy, en nombre beaucoup plus restreint dans ceux de Laurent Fabius et Jacques Chirac, qui se contentent d'une fonction sans en avoir le titre ce qui, souvent, ne les empêche pas de parler – haut et fort – au nom de leur Premier ministre.

Les membres du cabinet disposent chacun d'un secrétariat généralement composé de deux sténo-dactylographes qui travaillent en brigade. Les binômes se forment une fois pour toutes, selon les affinités et traversent sans heurts les alternances, du moins m'a-t-il semblé. Il est courant, toutefois, de changer de secteur lors du renouvellement des équipes politiques.

Le personnel de Matignon voit ainsi passer les conseillers et les cabinets avec une impavidité et une philosophie à

1. Voir p. 106 et suiv.

toute épreuve. Ici, on mesurerait presque physiquement ce qu'est la continuité de l'État. La même personne peut être, le vendredi, secrétaire du chef de cabinet de Laurent Fabius et se retrouver, le lundi suivant, à tenir l'agenda du conseiller chargé des Affaires de communication. D'une rare discrétion, ce personnel permanent ne vous parle que fort peu de ceux qui vous ont précédé. Et pourtant, il a dû en entendre, sinon en voir. Seuls les chauffeurs m'ont paru plus bavards. Contrairement à ce qu'on imagine, un conseiller à Matignon n'a pas de véhicule de fonction. Il doit se contenter d'utiliser un pool de voitures bringuebalantes et vieillottes aux housses de sièges crasseuses, conduites par quelques chauffeurs professionnels et des militaires du contingent. Pendant la cohabitation, une alternance automobile avait joué : étaient affectés au pool des chauffeurs ceux qui, lors du précédent gouvernement, conduisaient des ministres. Ceci me valut, un soir, une confidence savoureuse sur un ministre vivement intéressé par les équipements audiovisuels qui renvoya son chauffeur quelques heures avant le scrutin du 16 mars 1986 tout simplement pour récupérer le somptueux auto-radio stéréo de sa R 25 de fonction...

Si l'on recherche le confort matériel, il vaut mieux ne pas travailler à Matignon. Les conditions d'existence, plutôt spartiates eu égard à l'importance des responsabilités exercées, sont largement compensées par les attributs du pouvoir au premier rang desquels on citera le téléphone « interministériel ». Avec le « régis », réseau spécialisé qui dessert les autorités administratives de souveraineté (préfets, directeurs départementaux de la Police, commandements militaires, procureurs généraux, principaux ministres), l'« inter » permet aux décideurs publics de se parler en composant un nombre de trois chiffres. Le petit fascicule qui sert d'annuaire à ses usagers est classé confidentiel par le secrétariat général du gouvernement [1] qui en assure la diffusion. Il existe deux types d'« inter » : ceux qui permettent d'appeler n'importe quel poste, depuis celui du Président de la République jusqu'au plus jeune chargé de mission à Matignon et les autres, qui n'ont pas accès aux numéros commençant par le chiffre 2 c'est-à-dire les plus hautes autorités de l'État et les ministres. Le Président de la République, par exemple, dispose du numéro 201 et le Premier ministre répond au 202. Mais leur « inter » est – cas exceptionnel – filtré par le secrétariat particulier. Ceux qui veulent les joindre directement doivent connaître leur ligne directe non filtrée. Ils se comptent sur les doigts d'une main. Quant au reste des abonnés, on les trouve au bout du fil sans intermédiaire : Édouard Balladur au 239, André Giraud au 207, François Léotard au 249 et Charles Pasqua au 246 pour ne citer qu'eux. Si l'on remplace le 2 par le 4, on obtient leur directeur de cabinet. Le seul avantage de l'« inter » est là, dans ce qu'il contourne les secrétariats habiles à faire barrage tout en obligeant votre interlocuteur à réagir à chaud et directement. Que serait la vie d'un conseiller de Matignon sans l'« inter »? Un véritable cauchemar pour les secrétaires qui passeraient les deux tiers de la journée à poursuivre au téléphone les correspondants de leur patron et vice versa.

Fait étrange, l'inter ne protège pas l'anonymat des conversations. L'inter est écouté. On vous en prévient d'ailleurs gentiment lorsqu'on vous le branche. Il n'est pas indiqué de tout se dire sur l'« inter ». Pour des conversations très confidentielles, il vaut mieux passer par un bon vieux numéro à 8 chiffres et, si possible, par un standard multi-

1. Voir p. 119.

lignes, où la pose d'écoutes [1] est pratiquement irréalisable. Jacques Chirac fera installer un « inter » dans son bureau de l'Hôtel de Ville, qui en était dépourvu depuis que Paris a changé de statut, ce qui lui permettra, surtout au début de la législature, de quitter le moins possible l'immense pièce d'angle solennelle et richement décorée où l'une des seules notes intimistes, à l'exception de ses objets personnels sur son bureau, reste une photo du général de Gaulle dédicacée par lui en l'honneur de Paris au mois d'août 1944. Ce bureau fut occupé par les préfets de Paris pendant le temps où la capitale fut privée d'un maire.

Dès le départ, j'ai cru deviner dans cette réticence à s'installer du matin au soir à Matignon comme un écho de la phrase que j'avais souvent entendue dans la bouche de Jacques Chirac « Matignon ! Jamais. Merci, j'ai déjà donné » jusqu'à la fin de 1983, au moment où Balladur codifia, en première page du *Monde,* la *théorie* de ce qui allait devenir la cohabitation. Contrairement à ses prédécesseurs, Chirac n'occupera pas le confortable appartement réservé au Premier ministre, dans l'aile droite du bâtiment, pas plus qu'il ne profitera des frondaisons fragonardiennes du parc, le plus bel espace vert de Paris. Il ne viendra pas chaque jour à neuf heures pour repartir après vingt-deux heures dans ce poste de pilotage gouvernemental comme le firent avant lui Pompidou (jamais après vingt heures), Messmer, Barre, Mauroy et Fabius. Les réunions stratégiques les plus politiques et les plus décisives, il continuera de les tenir le soir ou le matin tôt, et surtout les week-ends, avec ses proches, à la mairie. La mairie, décidément, restera son môle. Au fil du temps, toutefois, sa présence physique dans les murs de Matignon se fera plus grande. Elle s'accentuera surtout

1. Pour les écoutes, voir p. 125.

dans les moments les plus intenses comme ceux qui marquèrent le processus qui aboutira à la libération des otages du Liban. Passage de la cohabitation à la cogestion? Plus simplement, écrasant emploi du temps que celui d'un Premier ministre sollicité de tous côtés par des arbitrages dans les domaines les plus divers, assailli sans répit par l'imprévu et les drames qui, quotidiennement, « remontent ». Entre les mini-crises ministérielles feutrées et le coup de feu de certaines situations, pas question de gérer l'État à distance. Le cambouis, très vite, s'étend sur les doigts de ce mécanicien qui est là pour canaliser l'inéluctable remontée d'huile que constitue le fait de gouverner un grand pays industriel par temps de mutations profondes. L'« inter » entre la mairie et Matignon aura donc été ce cordon ombilical reliant le chef du gouvernement aux dispositifs complexes du pouvoir et l'y ramenant en permanence quel que pût être son souci, parfois, de prendre du recul, voire de s'en échapper un peu.

Quand on compulse pour la première fois le petit annuaire ronéoté des abonnés à l'interministériel, on a le sentiment d'avoir entre les mains une sorte de guide de la plus haute nomenklatura étatique. En sus des ministres, de leurs directeurs de cabinet et des principaux conseillers de Matignon et de l'Élysée, quelques très hauts fonctionnaires disposent également de ce banal téléphone à touches qui relie entre eux, pour former une chaîne, les sommets de la République.

Le vice-président du Conseil d'État, le Premier président de la Cour des Comptes, le directeur du Budget et celui du Trésor, le directeur de la Caisse des Dépôts et Consignations, le préfet de police de Paris peuvent être joints sur l'inter. On y répond aussi lorsqu'on est président du Conseil constitutionnel, président du Conseil économique et social, médiateur, secrétaire général du Quai d'Orsay,

P-DG d'Air France, P-DG de la RATP ou de la SNCF. Du beau monde, disponible au bout des doigts et à la seconde... Mais la personne la plus sollicitée sur ce réseau reste le directeur de cabinet du Premier ministre, chef d'aiguillage des arbitrages, des problèmes en tous genres et des protestations quotidiennes qui confluent vers Matignon. Maurice Ulrich prendra d'ailleurs rapidement la décision de faire filtrer son poste interministériel lorsqu'il recevra des visiteurs. En temps normal, dans son bureau, en moyenne toutes les cinq minutes pendant la journée, l'inter sonnera. J'ai pu constater moi-même cette fréquence. On comprend très vite, alors, ce qu'il y a d'écrasant dans cette fonction de muet du sérail qui joue, en fait, le rôle de Premier ministre-bis parce qu'il voit tout et sait tout.

Toute conversation calme et détendue est saucissonnée par les appels ou interrompue par les urgences. Il faut donc aller à l'essentiel et venir trouver son patron aussi souvent qu'il est nécessaire, mais pour de très courtes périodes afin de gêner le moins possible.

Outre l'usage de l'« inter », l'autre prérogative d'un conseiller à Matignon c'est qu'il ne se déplace pas. Les autres viennent à lui. Et, cohabitation oblige, il n'a pas besoin de se rendre à l'Élysée pour y baiser la pantoufle du conseiller sectoriel dont il relève et qui a l'habitude de commencer ses phrases par le « Président a dit que... » ou « le Président m'a demandé de... ». Aussi, à peine est-on dans ses meubles, à peine a-t-on eu le temps d'indiquer à son secrétariat ce qu'on souhaite obtenir de lui que le téléphone retentit de la cohorte des quémandeurs de rendez-vous et de tous ceux qui souhaitent se rappeler à votre bon souvenir.

Les premiers jours se passent également à donner des noms aux ministres qui constituent leurs équipes. En mars 1986, l'énarchie continuera, à cet égard, à tenir le haut du pavé. Un cabinet de recrutement qui avait organisé un séminaire intitulé « Cab 86 » destiné à former des cadres du secteur privé désireux de participer à des cabinets échouera totalement dans cette tentative. Sur la quarantaine de stagiaires de « Cab 86 », seuls deux ou trois réussiront à se rattraper aux branches. Sur ma recommandation, l'un d'eux obtint de se faire embaucher par Alain Devaquet, sans réussir toutefois à faire partie de l'équipe de son successeur après la démission du ministre des Universités à la fin de l'année 1986. L'emprise de la technocratie survivra donc à l'alternance, de même qu'elle avait réussi à renaître de ses cendres avec l'arrivée de Fabius à Matignon, après un semblant d'éclipse au demeurant fort brève lors de la formation du gouvernement Mauroy en 1981.

Alors, la noria des prétendants à des postes de cabinets commence. Matignon joue un rôle déterminant dans le choix de leurs principaux collaborateurs par les ministres qui ne disposent pas d'une « task force » toute prête à intervenir. Les traditions pèsent. Ainsi, l'usage veut qu'un diplomate soit directeur de cabinet du ministre des Affaires étrangères. Cet usage sera étendu au ministre de la Coopération auquel on conseillera fortement de prendre à ses côtés un membre du corps diplomatique. Ce qui n'empêchera pas la guéguerre permanente à laquelle ont l'habitude de se livrer, depuis des décennies, les services de la rue Monsieur et ceux du Quai d'Orsay. Elle continua de plus belle, ainsi que j'ai eu l'occasion de le constater à maintes reprises, le Quai d'Orsay considérant la rue Monsieur comme une officine à gérer les horipeaux de notre empire colonial d'Afrique Noire et la Coopération voyant dans son rival un ramassis de mondains et de snobs passant leurs journées à siroter des whisky-sodas. Au ministère de l'Intérieur, Pasqua et Pandraud s'en tiendront à la tradition préfectorale. Au ministère de l'Économie et au Budget, Balladur et Juppé feront appel à l'inspection des Finances. Ailleurs, comme d'habitude, le Conseil d'État et la Cour des Comptes se tailleront la part du lion.

En ces jours où le pouvoir, comme du sucre glace sur un gâteau, cristallise, les annuaires des membres des grands corps font l'objet d'un usage forcené. Question de standing : chacun souhaite avoir auprès de lui les meilleurs. Pour les vieux routiers, question d'efficacité : il s'agit de disposer de lieutenants suffisamment armés et aguerris pour rompre des lances avec la citadelle des Finances et plaider des arbitrages favorables à Matignon. Très vite, l'écart se creuse entre les néophytes et les autres, qui savent déjà de quoi est fait le pouvoir pour l'avoir pratiqué eux-mêmes, souvent dans un cabinet, entre 1958 et 1981. Ainsi, en quelques heures, certains ministres, sans le savoir, creusent leur propre tombe et se condamnent à être des marginaux. Alors, il ne leur reste plus qu'à entretenir, tant bien que mal, une apparence et à sauver la face. Car la conquête du pouvoir ministériel se joue en quelques jours.

Attributions

De fait, cette bataille pour le pouvoir commence, pour tout ministre, dès que sa nomination paraît au *Journal Officiel*. Il lui faut, en effet, obtenir un bon décret d'attributions. Ceux qui imaginent que l'intitulé du portefeuille définit l'étendue de ses compétences se trompent lourdement. La réalité technocratique et administrative est autrement complexe. L'imbrication des secteurs d'activité fait qu'ils relèvent souvent de plusieurs autorités. L'exemple type est celui de la Recherche. Si la recherche fondamentale s'effectue dans de grands organismes relevant naturellement de l'autorité du ministre des Universités, la recherche technologique et la recherche-développement ont généralement pour cadre les entreprises qui relèvent de la tutelle de l'Industrie. De même, l'Aménagement du Territoire et le Plan ne se conçoivent que dans l'orbite du Premier ministre puisque chaque ministre doit en être partie prenante. Érigés en ministères autonomes, ils sont inexorablement condamnés à l'échec. Autre cheval de bataille traditionnel pour ces joutes très politiques mais dont l'arrière-plan technocratique ne saurait être éclipsé : le Commerce Extérieur et la place de la direction des relations économiques extérieures, administration qui gère notamment le corps des conseillers commerciaux. La « DREE » dépend du ministère des Finances mais le Quai d'Orsay réclame périodiquement son rattachement à lui. La nomination de Michel Noir au Commerce extérieur, clin d'œil ou pied de nez à son rival lyonnais Raymond Barre à qui échut le même portefeuille en 1974, auprès du ministre d'État de l'Économie, des Finances et de la Privatisation, sonnera le glas, provisoirement, des velléités d'absorption des conseillers commerciaux par les conseillers d'ambassade. Ces guerres picrocholines ne sont pas près de s'éteindre.

Recherche du consensus? Absence, plutôt, de consensus sur la Recherche : dès les premiers jours du gouvernement de Jacques Chirac éclate un conflit, sourd mais fort, entre Madelin et Devaquet, au sujet de leurs attributions respectives. Chacun revendique le leadership pour le secteur de la recherche scientifique et technique.

La procédure de rédaction des décrets d'attributions des ministres est diligentée par le secrétariat général du gouvernement. Elle commence aussitôt les nominations acquises, dès le lendemain. Malheur à ceux qui n'ont pas encore pu se doter d'un directeur de cabinet. Ils ne verront pas leurs intérêts correctement représentés au cours des réunions interministérielles où sont examinés à la loupe les organigrammes des services de l'État dont chaque département ministériel essaie de récupérer le maximum. Chacun défend son bifteck bec et ongles. Chaque ministère tente de tirer la couverture à lui. Les accointances politiques ou les affinités électives n'y font rien. Le pouvoir d'État est tout sauf consensuel. Les grands étendent leur emprise au détriment des petits. On plume la volaille des secrétaires d'État à coups de crayon feutre. Les cabinets construisent leurs murailles et s'efforcent d'ériger des bastions. Lorsqu'un accord ne peut intervenir au niveau des conseillers du ministre, la décision doit être portée à la connaissance du Premier ministre auquel l'occasion est ainsi fournie de délivrer ses premiers arbitrages.

Arbitrage! Sous ce terme quelque peu barbare, se cache en réalité la quintessence du pouvoir détenu par le « Premier ». Arbitrer, cela consiste à trancher entre deux propositions mais cela revient surtout à donner raison à X contre le point de vue de Y. Il n'y a d'arbitrage consensuel que lorsque le problème posé se prête à la méthode consistant à « couper la poire en deux ». Autant dire que c'est rarement le cas. Matignon est une machine à déplaire. On s'y fait.

En l'espèce, l'arbitrage opposait donc – déjà – Madelin et Devaquet, le premier exigeant au nom de sa tutelle sur l'industrie, la haute main sur des organismes comme le Commissariat à l'Énergie atomique et l'ORSTOM, mais également un droit de regard sur le CNRS et l'INSERM. La pugnacité du ministre de l'Industrie, à laquelle s'ajoutait en filigrane le statut de « primus inter pares » réclamé par le parti républicain au sein de l'UDF, était telle qu'il ne fallut pas moins de deux réunions, l'une plutôt houleuse, dans le bureau du « Premier »..., pour que chacun trouve son compte et – surtout – sauve la face. On coupa, une fois n'est pas coutume, la poire en deux. Devaquet et Madelin durent se résoudre à des cotutelles et les frontières entre les deux ministères, censées devenir plus poreuses, n'en continuèrent pas moins d'exister comme si de rien n'était. La bataille des attributions ne fut, en l'occurrence, qu'un feu de paille qui tint néanmoins en haleine près de quarante-huit heures le microcosme technocratique.

Avec François Léotard, les difficultés furent beaucoup plus faciles à aplanir. Dès le 24 mars, par une note au Premier ministre, il avait précisé le cadre de l'action qu'il souhaitait se voir confier. La note était claire, concise et précise. Surtout, elle visait à obtenir une coresponsabilité partagée avec le ministre d'État pour tout ce qui touchait à la privatisation des entreprises du secteur de la communication, ce qui constituait une entorse de taille au principe selon lequel la politique de privatisation relevait de la compétence exclusive – et de l'autorité – d'Édouard Balladur.

Voici, in extenso, ce texte :

NOTE À L'ATTENTION
DE MONSIEUR LE PREMIER MINISTRE

La constitution d'un ministère nouveau, en charge de la culture et de la communication, auquel vous avez souhaité donner un poids important dans l'organisation et le fonctionnement de l'appareil gouvernemental, m'amène à vous présenter un certain nombre de propositions, en ce qui concerne ses attributions.

Certaines relèvent du secteur de la communication, d'autres de celui de la culture.

***

I. *Propositions relatives à mes attributions en matière de communication*

1. Le ministre chargé de la communication doit disposer des compétences et des moyens nécessaires à la définition et à la mise en œuvre de la politique du gouvernement en ce domaine.

En effet, la réflexion menée ces derniers mois a suffisamment montré que toutes les formes de communication, quel qu'en soit le support ou la nature, et que les acteurs en soient publics ou privés, doivent s'exercer dans un cadre législatif et réglementaire harmonisé, simplifié et libéralisé.

La préparation de la loi-cadre sur la communication sera l'occasion de manifester cette volonté de clarté et de cohérence des pouvoirs publics.

Pour cela, je demande, d'une part, la responsabilité pleine et entière de la définition de la politique de communication d'autre part, le rattachement à mon ministère du Service Juridique et Technique de l'Information (SJTI), enfin la tutelle de tous les organismes publics relevant de ce secteur, et notamment de ceux cités au titre III de la loi de 1982, sur la communication audiovisuelle.

Le rattachement du SJTI se justifie par ailleurs, par la nécessité, d'une part de rééquilibrer mon administration aujourd'hui exclusivement consacrée aux questions culturelles, d'autre part de regrouper autour de l'actuel SJTI l'ensemble des services centraux de mon ministère en charge des problèmes connexes à la communication, mais aujourd'hui dispersés entre plusieurs directions. Il se justifie enfin par la pleine et entière autorité dont je dois disposer sur ce service, pièce maîtresse de mon administration pour la communication : cette autorité doit, par exemple, se traduire par la liberté de nommer le responsable de ce service.

2. La préparation et la mise en œuvre de la privatisation de certains organismes ou entreprises du secteur de la communication relèvent évidemment de mon ministère. Une position contraire aurait pratiquement pour effet, compte tenu des projets du gouvernement, de vider de toute substance la dimension « communication » de mon département.

Dès lors, je vous proposerai très prochainement d'inclure dans le projet de loi d'habilitation relatif à la privatisation, des dispositions spécifiques précises en ce qui concerne le champ, le calendrier et le contenu de la privatisation des entreprises et des organismes du secteur de la communication.

Pour l'application de cette loi, mes services prépareront une ordonnance spécifique définissant les objectifs et les modalités de ce programme [1].

II. *Dispositions relatives à mes attributions en matière de culture*

Jusqu'en 1977, le ministre chargé de la Culture avait la responsabilité de la Direction de l'Architecture, et les attributions correspondantes.

Le rattachement de cette direction au ministère chargé de l'urbanisme relevait d'une apparente rationalité. Le précédent gouvernement a même cru devoir fusionner cette direction avec celle de l'urbanisme.

En fait, l'expérience a prouvé que, dans de nombreux domaines, notamment la protection des sites et des abords des monuments historiques, ainsi que les zones de protection du patrimoine architectural et urbain, la dispersion des compétences entre la direction du patrimoine dépendant de mon ministère et la direction de l'architecture dépendant d'un autre, était extrêmement préjudiciable à la cohérence des décisions publiques prises en ce domaine. L'exemple de certains des actuels grands projets d'urbanisme parisiens est significatif à cet égard.

C'est pourquoi je souhaite que les compétences et les moyens actuellement dévolus en matière d'architecture au ministère de l'Urbanisme, du Logement et des Transports, me soient attribués.

***

Ces propositions devraient permettre de donner sa pleine efficacité à la politique gouvernementale, dans les domaines concernés, et c'est pourquoi je vous demande de bien vouloir y apporter une réponse favorable, soit dans le cadre du décret relatif à mes attributions, soit à l'occasion des décisions que vous serez amené à prendre dans les prochaines semaines.

François Léotard

---

1. Ce projet d'ordonnance ne verra pas le jour.

Avec habileté, Léotard botte en touche. Il se garde par le haut en obtenant un décret d'attributions conforme à ses souhaits. Il verrouille par le bas et refuse tout partage avec Philippe de Villiers qui n'obtiendra jamais un secteur d'intervention précis et sera condamné à en référer perpétuellement à son autorité de tutelle. Au bout de quelques semaines, les rapports entre les deux hommes se détériorèrent quelque peu. Mais c'est là une dérive naturelle des relations entre un ministre et son secrétaire d'État. A moins de circonstances exceptionnelles, le lien de dépendance reste d'autant plus difficile à supporter qu'un secrétaire d'État, comme tout homme politique digne de ce nom et dont c'est le métier, a besoin d'exister sur le plan médiatique. Or, c'est précisément ce que supporte rarement un ministre qui a toujours tendance à voir dans son collègue, souvent plus jeune ou du sexe opposé, un collaborateur qui lui doit pleine et entière allégeance, et au mieux une sorte de super-directeur de cabinet tout juste bon à le représenter au Parlement lors des séances de nuit, devant un hémicycle désert, lorsque lui-même vaque à des occupations plus gratifiantes.

La vie politique est ainsi remplie de ces attelages où le petit cheval a les plus grandes peines du monde à faire bonne figure à côté du fringant coursier ou du puissant percheron qu'est le ministre à part entière. Le dynamique secrétaire d'État à la Culture et à la Communication verra donc peu à peu tous les dossiers importants lui passer sous le nez. C'est tout juste si on lui tolérera un rôle de représentation et une présence médiatique conquise avec opiniâtreté et à la hussarde mais qui lui sera presque aussitôt reprochée. Doté d'un cabinet réduit à une portion plus que congrue, l'inventeur de la belle scénographie du Puy-du-Fou eut maintes fois recours à un ancien condisciple de l'ENA, conseiller à Matignon, pour en savoir plus sur ce qui se tramait, à quelques portes de lui, chez le ministre à part entière dont les collaborateurs avaient pris l'habitude – ou s'étaient donné la consigne? – de lui cacher l'essentiel des dossiers importants.

On pourrait appliquer aux dirigeants politiques la belle formule de François Jacob sur le rêve d'une bactérie, une amibe ou une fougère : se dédoubler pour croître. Ainsi, tout secrétaire d'État rêve de devenir ministre-délégué; les plus débrouillards tels Gérard Longuet ou André Santini y parviendront; tout ministre-délégué rêve de se transformer en ministre plein pour voler de ses propres ailes, mais c'est beaucoup plus difficile car cela revient à devenir chef de file d'un secteur; enfin, last but not least, le rêve de tout ministre, de celui d'État au dernier secrétaire d'État dans la hiérarchie gouvernementale, c'est, un jour, d'aller à Matignon et de disposer, enfin, de ce poste de pilotage si convoité.

Ces rêveries aident à vivre la dure condition d'un membre du gouvernement. En attendant, il convient, au moment où l'on s'installe dans ses nouvelles fonctions, d'aller vite et d'avoir bon pied-bon œil : le pouvoir, cela se mérite. Qui plus est, cela se gagne – et se perd – en quelques jours. Gare à la déclaration intempestive, à la conférence de presse où l'on annonce le Pérou sans que le ministre, si l'on est ministre-délégué ou simple secrétaire d'État, ait donné son aval ou sans avoir – quel que soit son rang – obtenu au moins l'accord tacite de la rue de Rivoli. Dans les deux cas d'espèces, je pense surtout à Michèle Alliot-Marie, en avril 1986, dont les déclarations pourtant pleines de bon sens – elle entendait, conformément à ce que laissait supposer sa fonction, prendre des initiatives dans le domaine scolaire – furent durement contrées – en public et en sa présence – par son ministre de tutelle René Monory et à ce dernier – comme quoi personne n'y échappe! –, en janvier 1988, lorsque les services des Finances dénoncèrent, par des fuites dans les journaux, comme de dangereuses hallucinations budgétaires les milliards auxquels il chiffrait son programme de développement – ou de sauvetage – de l'école – « Cause toujours! Tu n'auras pas un sou de plus! » : tel était le leitmotiv qui soutenait les mélopées de ce chœur de la rue de Rivoli unie contre ce qu'elles considéraient être « les folies de la rue de Grenelle ».

Premier dossier : le Carrefour international de la communication

Quelques minutes après l'installation physique dans ses nouveaux locaux, le conseiller commence à recevoir une avalanche de notes et de dossiers. Ces documents sont de deux sortes. Dans leur majorité, il s'agit d'aimables faire-valoir adressés au Premier ministre par des directeurs ou des chefs de service soucieux d'informer les autorités gouvernementales de l'utilité de leur administration tout en se démarquant soigneusement, lorsque c'est nécessaire, des initiatives dues au pouvoir politique qui vient d'être battu. Ce fatras de paperasserie témoigne des relations ambiguës qui s'établissent entre ceux qui servent l'État (pour longtemps) et ceux qui le dirigent (provisoirement). La connivence est réelle, et parfaitement logique : en un mot, républicaine. Mais à l'approche du tocsin électoral, la complicité se fait plus distante : on excipe de la neutralité de l'État là où l'on avançait sur le thème de la « réussite du gouvernement ». En réalité, cette période de gel des initiatives de la haute administration, qui, au demeurant, n'est pas de longue durée, correspond au moment où l'on rédige ces fameuses notes et où l'on prépare ces volumineux dossiers à l'usage des nouveaux arrivants. Dans le giron de l'État, on sait flairer par avance de quel côté penchera le fléau de la balance électorale. L'instinct de survie donne des ailes divinatoires à tous les intéressés.

Si dans son ensemble, cette littérature administrative n'apporte rien, sinon, du moins le pensent-ils, un brevet de dévouement et de loyalisme à ses auteurs, il reste quelques lièvres que l'administration trouve ainsi, avec une redoutable efficacité, le moyen de soulever en les jetant dans les jambes des nouveaux hôtes des palais nationaux.

C'est ainsi que Matignon, dès le 27 mars, reçoit une très courte note, dont je tairai pudiquement l'origine, appelant l'attention du gouvernement sur le « cas » du Carrefour international de la Communication (CICOM), un de ces organismes protéiformes comme seule la technocratie française sait les inventer mais dont la caractéristique essentielle est qu'il a été créé suite à la décision du Président de la République prise, pendant l'été 1982, de construire l'arche monumentale commandée à l'architecte danois O. Von Spreckelsen dans le but d'achever la perspective du parvis de la Défense et de fermer cet ensemble architectural plutôt disparate et « daté ». Cette œuvre monumentale, reconnaissons-le, est l'une des grandes réussites esthétiques de cette décennie. Il n'empêche que le CICOM se rattache à ce qu'on pourrait appeler le « domaine réservé architectural » de la Présidence. C'est donc un dossier sensible. Qui plus est, l'institution n'a pas bonne presse à la direction du Budget de la rue de Rivoli pour laquelle il relève, depuis sa création, de la catégorie des « danseuses de la République » ce qui, en jargon financier, signifie qu'il « alourdit inutilement la charge du déficit budgétaire ». Autant dire que l'arrêt de mort du CICOM est signé depuis le jour où le décret portant sa création a été publié au *Journal Officiel.*

L'institution, plutôt hybride dans ses finalités, comptait déjà pas mal de vétérans de ce qu'on serait tenté d'appeler « la villégiature socio-technocratique » dont le parcours, au-delà de toute sinuosité, a commencé généralement par le CNRS ou l'INA (Institut National de l'Audiovisuel, après le démantèlement de l'ORTF) ou encore des services de recherche d'organismes de réflexion du type DATAR (Délégation à l'Aménagement du Territoire) et Commissariat au Plan. Dans les années 80, ces sociologues et ces économistes, souvent de haut vol, plus théoriciens que gestionnaires passeront volontiers par les services de recherches du Centre Pompidou ou de la Cité des Sciences de la Villette, portés par cette vague où leur tropisme les attire. Le CICOM fait donc partie des cibles faciles sur lesquelles la Cour des Comptes ou l'Inspection des Finances aiment à exercer leur regard critique. A sa tête, pourtant, du beau monde : des grands patrons, des parlementaires, des membres des grands corps de l'État; Yvette Chassagne, présidente du groupe d'assurances UAP, puis Jean-Claude Heberlé, ex-président de la chaîne Antenne 2, président le conseil d'administration. L'idée du CICOM partait d'une bonne intention. Il n'est pas sûr que la méthode choisie ait été la plus efficace pour la mettre en œuvre. En 1986, le CICOM bénéficiait d'une subvention de 60 millions de francs par an, pour un effectif d'environ 60 personnes. A terme, on ne prévoyait pas moins de 450 emplois et un budget de 400 millions, ce qui en aurait fait l'un des poids lourds de la subvention budgétaire.

Les objectifs du Carrefour, selon les documents préparés par son Conseil d'administration, étaient triples : une fonction de « démonstration » de la riposte française et européenne en matière de communication; une fonction d'impulsion et de recherches dans les nouveaux langages de la communication, dans les nouvelles technologies du type images de synthèse et son numérique ainsi que les matériels de diffusion et de réception; enfin, le CICOM devait « entraîner » tous les partenaires (on dit les « acteurs ») de la communication moderne. Tout ceci était bel et bon mais force était de constater un certain flou des moyens face à des objectifs aussi ambitieux qu'honorables. La direction du Budget, avec son habituelle efficacité, n'y alla pas par quatre chemins : dans une note adressée à Alain Juppé, elle confirmait qu'« un arrêt du projet est tout à fait envisageable car les missions restent encore très floues et le niveau atteint de développement est très faible [1] ». Embusquée depuis la création d'une structure qui ne lui avait jamais dit rien qui vaille, la rue de Rivoli ne fera qu'une bouchée de ce pauvre CICOM.

Ce dernier, au demeurant, n'avait pas fait grand-chose, en trois ans d'existence, pour trouver grâce aux yeux du ministère des Finances. Il n'avait pas su échapper au travers de ce type d'organisme qui consiste à produire, en raison de la souplesse budgétaire que lui procure son statut, une inflation d'études aux titres plus ou moins abscons et dont le lien direct avec l'objet social dudit organisme reste à établir. Le contrôleur d'État, représentant le ministre des Finances auprès des établissements publics comme le CICOM, me communiquera la liste des contrats passés en 1984 et 1985. Dans un véritable inventaire à la Prévert, on trouvera, pêle-mêle, une opération « Cap sur l'avenir » montée par l'office franco-québécois pour la jeunesse (34 000 F), une

1. Note en date du début avril 1986 émanant du bureau « 3D ».

« recherche des constantes de l'identité visuelle du CICOM *(sic)* (179 885 F), la réalisation d'un document filmé sur la communication non verbale (!) (29 650 F), une co-production avec les studios de cinéma de Shanghaï (ah! cette attirance pour l'Asie!) pour 110 000 F, tandis que 450 000 F étaient affectés à l'organisation du deuxième sommet culturel franco-japonais. Parfois, selon une redondance dont seule l'administration est capable, les contrats d'études étaient passés à des organismes publics... de recherche : le CNRS bénéficiera ainsi de 490 000 F pour préparer et organiser la 5e rencontre internationale de l'audiovisuel scientifique! Les images, comme l'eau, c'est bien connu, cela circule dans des tuyaux : rien d'étonnant, dans ces conditions, à ce que 110 000 F aient été affectés à l'action « Solidarité eau » et 59 300 F à des systèmes vidéotex « Bourse de projets eau ». La liste est loin d'être close mais laissons là en l'état.

On imagine sans peine les hoquets des fantassins de l'orthodoxie budgétaire devant ces inventaires passablement courtelinesques. Le couperet tombera en conseil des ministres, le 16 avril 1986. Dans le cadre d'économies prévues dans un collectif budgétaire, le Carrefour international de la Communication sera sacrifié sur l'autel des finances publiques.

En réalité, si le gouvernement a opéré une coupe sombre dans un organisme à la vocation plutôt incertaine, il n'a nullement remis en cause la construction de l'arche monumentale dont les fondations commençaient à être coulées. Aurait-il voulu le faire, d'ailleurs, que cela se fût avéré impossible : chaque jour de retard sur le chantier aurait coûté à l'État plus cher que la poursuite du projet. D'autre part, le 13 mars 1986, soit trois jours avant les élections législatives, le CICOM s'était porté acquéreur des 47 000 m² de surfaces qui lui étaient allouées dans l'arche auprès de la société constructrice, la société d'économie mixte « Tête-Défense », pour la bagatelle de 927 615 470,42 F toutes taxes comprises [1]. Les frais d'actes notariés s'élèveront à près de 8 millions de francs. L'irréversibilité du projet avait été assurée, à trois jours près. Grâce à ces 72 heures, la région parisienne se sera dotée d'un de ses plus beaux monuments. A quoi tient l'histoire de l'architecture contemporaine!

De fait, le CICOM n'était qu'un des utilisateurs de l'arche. Le CICOM se portait acquéreur des espaces non commercialisables de ce gigantesque monument cuboïde : le toit et le soubassement. L'État allège ainsi d'autant le coût de la cession des surfaces affectées à des bureaux (parois de l'arche) et subventionne, via le CICOM, le ministère de l'Équipement qui doit également se porter acquéreur. Le « geste architectural » de Spreckelsen, superbe dé de marbre blanc de 105 m de côté, évidé en son centre, est très légèrement désaxé par rapport à la perspective qui le relie désormais à la pyramide du sino-américain I.M. Pei au Louvre, en passant par l'Arc de Triomphe de l'Étoile. Cet édifice, unique au monde il est vrai, par sa forme, comprend environ 155 000 m² de surfaces de plancher et aura coûté près de 4 milliards; une somme classique pour un gratte-ciel de cette taille et de cette qualité esthétique.

Mais la beauté se paie cher, et pour aboutir à un prix moyen en mètre carré compatible avec le marché des bureaux de la Défense, il aura fallu inventer le CICOM et lui faire acheter les surfaces dont personne ne veut, notamment le toit de l'arche, destiné à devenir l'un des plus

1. Ce qui revient à moins de 20 000 francs le m² le bureau; on soulignera que les prix actuels du m² à La Défense sont très supérieurs.

beaux belvédères sur Paris et sa région. L'État-mécène s'avancera ici, une fois n'est pas coutume, masqué. En supprimant le CICOM tout en poursuivant le projet d'arche, Alain Juppé sait bien qu'il lui faudra inventer un substitut pour occuper les surfaces affectées au CICOM, à moins de se retrouver avec l'ensemble du projet immobilier sur les bras. Edgar Faure tombera pile, avec sa Fondation des Droits de l'Homme destinée à symboliser dans la pierre et le béton le bi-centenaire de la Révolution de 1789. Exit le CICOM, bienvenue à la Fondation!

En attendant, il me faudra procéder aux opérations de liquidation du CICOM, conformément aux décisions du conseil des ministres du 16 avril, avec, je dois le souligner, la collaboration aussi efficace que loyale de Jean-Claude Heberlé. Nous tâchâmes d'éviter un jeu de rôles où il aurait été la victime et moi le bourreau. Nous nous étions fixé un but : éviter tout licenciement « sec ». L'objectif fut atteint. Pas une ligne dans la presse, pas un soubresaut social ne viendra troubler la disparition du CICOM qui s'effectuera sans bruit et en douceur. Il fallut, certes, le moment venu, mettre l'épée dans les reins à la direction du Budget, peu encline à dégager les emplois d'accueil pour le personnel licencié et départager les candidats, fort nombreux, à la reprise du « mur des télévisions du monde », la seule réalisation véritablement marquante du Carrefour qui permettait au public de regarder une centaine d'écrans sur lesquels étaient captées, par satellite, la plupart des chaînes de télévision de la planète. La grande fête cathodique n'aura pas, pour autant, cessé. Elle prendra d'autres formes et une autre ampleur avec le PAF [1]. Mais au début de ce printemps 86 où il n'en finit pas de pleuvoir, qui aurait pu

1. Paysage Audiovisuel Français.

imaginer que la scène audiovisuelle deviendrait, pendant deux ans, un véritable festival du feuilleton à épisodes et à rebondissements multiples auprès duquel le mur d'images du CICOM ferait pâle figure?

Chacun veut sa loi

Tout ministre – et c'est humain – souhaite attacher son nom à une loi nouvelle. Édouard Balladur avait brossé, de sa voix toujours posée, lors d'une réunion avec quelques experts – dont j'étais – trois semaines avant le scrutin du 16 mars, un panorama du processus législatif tel qu'il devait, selon lui, se présenter. Il voyait deux types d'ordonnances, pour aller plus vite à l'essentiel, afin de proposer le déclic propice au redressement du pays : un volet économique et financier, comportant les privatisations et un volet social, avec, notamment, la suppression de l'autorisation administrative de licenciement. Je me souviens encore de la moue qu'il avait faite lorsque certains participants avaient évoqué la réforme de l'audiovisuel. Celle-ci, néanmoins, se fera et la loi qui la gouverna sera inscrite en fort bonne place dans le plan de travail du gouvernement dès le début du mois d'avril 1986.

La détermination des lois prioritaires est l'une des tâches les plus redoutables que doit accomplir un Premier ministre. Elle exige une capacité de résistance de tous les instants. Chaque ministre, dès les premiers jours de son entrée en fonctions, bombarde Matignon de notes démontrant l'urgente nécessité de légiférer dans le domaine qui est le sien. Soit l'œuvre du prédécesseur est à défaire, parce que néfaste, soit l'évolution du secteur oblige les pouvoirs publics à faire évoluer la règle du jeu, soit les lobbies de tous poils et de tous acabits ont réussi à obtenir gain de cause auprès de leur nouveau ministre : « changer la loi » est généralement leur cri de ralliement.

Qu'importent les motivations : ce ne sont pas les raisons qui manquent de changer un texte. Même lorsque le pouvoir politique est lié par un programme de gouvernement le plus exhaustif possible (c'était le cas de la plate-forme « RPR-UDF »), le prurit législatif reprend le dessus. Cette pression législative ministérielle se heurte à plusieurs entonnoirs qui créent le phénomène classique de l'engorgement législatif. Le premier concerne la longueur des textes à voter. Au départ, on veut faire court; très court même. Mais au fur et à mesure que le texte se construit, les problèmes surgissent. La matière est plus complexe qu'il n'y paraît : quoi qu'on fasse, il faut légiférer sur les cas particuliers non prévus au départ. Il convient, surtout, de se prémunir contre les foudres du Conseil constitutionnel, dont la jurisprudence, qui étend sans cesse le champ d'application et le degré de précision des lois, aboutit inéluctablement à la rédaction de textes plus longs et plus détaillés. Il faut présenter tout cela au Parlement et laisser les commissions parlementaires, sous peine de les frustrer, « enrichir » la mouture du gouvernement. Il ne faut pas abuser des articles-couperets comme le « 49-3 » de la Constitution et n'en user que si l'obstruction est avérée, c'est-à-dire au bout de plusieurs semaines de blocage. Le cheminement d'une loi est un long fleuve tranquille. Pas un torrent de montagne.

Le résultat est là : si la loi proposée par un ministre n'est pas inscrite en tête de la liste concoctée par Matignon au début de la législature, elle a toute chance d'être reléguée aux oubliettes de l'histoire. D'où le combat titanesque auquel se livrent les grands féodaux de l'équipe gouvernementale pour que leur projet de texte accède à ce haut du tableau. Le résultat apparaîtra dans le programme de travail du gouvernement adopté par le conseil des ministres du 26 mars 1986 : collectif budgétaire préparé en quelques heures par la direction du Budget qui tenait toutes prêtes ces économies à suggérer au pouvoir politique; des ordonnances économiques et sociales pour alléger la réglementation et les charges pesant sur les entreprises; des ordonnances de privatisation dont le Président de la République allait refuser la signature deux mois plus tard; des ordonnances pour le développement des départements et territoires d'outre-mer; le rétablissement – pour le meilleur ou pour le pire – du mode de scrutin majoritaire uninominal à deux tours.

En matière de communication audiovisuelle, le programme de travail législatif prévoyait la mise en œuvre des « principes permettant à l'initiative privée d'intervenir dans des conditions de clarté et de saine concurrence ». Derrière cette prudence se cachait le souci de Matignon « de ne pas aller plus vite que la musique » dans l'objectif de privatisation de deux chaînes de télévision inscrit en lettres fluorescentes au frontispice de la plate-forme du gouvernement [1]. Outre ces priorités immédiates, ce premier conseil des ministres au cours duquel le Président n'aura serré aucune main – ce qui attirera une remarque ironique et étonnée de Michel Noir – dans une atmosphère à couper au couteau, adoptera également le principe de la loi de programmation militaire, une réforme du statut de la Banque de France, aussitôt remisée dans un tiroir, et une nouvelle législation sur la concurrence.

---

1. On se reportera plus loin au chapitre sur le PAF.

Le tout tient en trois pages, dans le relevé de décisions du conseil. On reste donc loin du catalogue des 110 propositions de 1981. Pourtant, aussi concis soit-il, ce programme de travail ne pourra être achevé même si les textes les plus importants pourront être votés. Les lenteurs ou les refus de signatures élyséennes, la longueur des débats parlementaires et les fourches caudines du Conseil Constitutionnel suffiront à transformer un parcours jugé plat, au départ en steeple-chase hérissé de haies toutes plus meurtrières les unes que les autres.

Premiers conseils des ministres

Le conseil des ministres est à la République française ce que la messe est à l'Église : c'est là que le pouvoir d'État s'incarne, dans cette cérémonie compassée où les connivences cèdent le pas à la liturgie républicaine dont le grand prêtre est le Président. Le conseil comprend toujours trois parties. La première concerne l'examen des textes législatifs ou réglementaires qui doivent obligatoirement, aux termes de la Constitution, être délibérés en conseil des ministres : les projets de loi et les décrets « en conseil ». La deuxième offre aux ministres l'occasion de briller devant leurs collègues puisqu'il s'agit des « communications », exposés – qu'il convient de faire sans notes – sur un problème particulier. Chaque communication est « bouclée » à l'avance et a fait l'objet d'au moins trois ou quatre réunions interministérielles; le compte rendu en a été rédigé auparavant. Bref, le ministre se livre à une sorte de simulacre puisqu'il expose un problème dont la solution a été résolue et qu'il serait inconvenant de poser « au fond » en plein conseil, ce qui pourrait donner lieu – qui plus est – à un vrai débat entre les participants. Il existe en réalité deux types de communications en conseil des ministres. Les importantes et les autres. Lors du dernier conseil du gouvernement Fabius, celui du 12 mars 1986, excepté une communication sur « le succès de la lutte contre l'inflation », on avait inscrit trois communications dont on mesurera le caractère stratégique à la simple lecture de leur intitulé : « la modernisation de l'institut géographique national », « la politique de l'eau » et « la recherche dans le domaine des océans »...

La troisième partie du conseil est réservée aux « mesures d'ordre individuel », c'est-à-dire aux nominations en conseil des ministres ainsi qu'aux désignations des dignitaires des insignes de grand officier et de grand croix de l'ordre du mérite et de la légion d'honneur. L'examen de ces cas individuels revêt une importance beaucoup plus grande qu'on ne croit, et particulièrement pendant la cohabitation où, à cet égard, les points de vue de la Présidence de la République et de l'hôtel Matignon n'étaient pas forcément toujours en phase.

Lors du premier conseil de la cohabitation, quelques nominations importantes interviendront, et notamment le remplacement du secrétaire général du gouvernement Jacques Fournier par Renaud Denoix de Saint-Marc. Ce poste stratégique resta – tradition oblige – au Conseil d'État. Fournier se verra d'ailleurs proposer quelques mois plus tard la présidence de Gaz de France, qu'il acceptera. Le premier directeur du ministère des Finances à être remplacé sera Bernard Gaudillière, directeur des Douanes, auquel succédera Jean Weber. Pour le reste, les mutations les plus importantes (trésor, budget et impôts) interviendront plus tard et à des moments où le déroulement normal de la carrière des intéressés voulait qu'ils quittâssent leurs postes.

Le premier dimanche d'avril eut lieu le remaniement monétaire. Il se trouve que j'assumais la permanence à Matignon [1]. La réunion des ministres des Finances européens se tenait en Hollande. Je disposais, en cas de nécessité, des numéros de téléphone de l'hôtel où était descendu le ministre d'État qui avait quitté Paris le samedi soir par un avion du Glam après avoir mis au point, avec le Premier ministre, les grandes lignes de l'opération. Celle-ci sera douloureuse, les Allemands, comme à l'accoutumée, éprouvant quelques réticences à réévaluer leur monnaie et certains États, comme le Luxembourg et l'Italie, ne faisant guère preuve d'une immense volonté de coopération avec nos autorités monétaires. De ma petite chambre qui donnait sur le parc, la tranquillité du cadre ne fut troublée que par la sonnerie incessante du téléphone : la presse voulait savoir s'il y aurait ou non une conférence de presse d'Édouard Balladur. Mais les circuits n'étaient pas encore totalement rodés. L'hôtel du ministre, boulevard Saint-Germain, n'avait pas l'air au courant. L'AFP s'impatientait. Les télévisions cherchaient désespérement leur pâture « pour le vingt heures ». Comme le précisera le relevé de décisions du conseil des ministres du 9 avril 1986, « le réajustement des parités entre les monnaies européennes s'est déroulé dans le calme, la discrétion et la rapidité ». Mais n'est-ce pas le cas de tous nos réajustements monétaires, depuis celui décidé par Pinay en 1958?

---

1. Dans l'agréable appartement aménagé sur l'initiative de Pierre Mauroy en 1983 pour y loger le permanencier du cabinet. Muni d'un cahier de consignes notamment pour les cas « d'entrée sur le territoire national d'aéronefs étrangers » ou d'accident dans une centrale nucléaire, il s'agit en fait de répondre, après filtrage, aux innombrables correspondants qui souhaitent joindre le Premier ministre à toute heure du jour et de la nuit.

Il est de tradition que chaque gouvernement nouveau procède à un vaste mouvement préfectoral. Le plus important dans les annales de notre République reste celui qui suivit l'élection présidentielle du mois de mai 1981. Celui du gouvernement Chirac interviendra le mercredi 23 avril 1986. Pasqua s'y montra plutôt modeste – 13 préfets changèrent d'affectation. Pas de régions touchées, mais des départements comme les Côtes-du-Nord, l'Allier et la Guyane. S'agissait-il de départements particulièrement sensibles dont les préfets avaient péché par trop d'allégeance envers le pouvoir précédent? Même pas. Le corps préfectoral, qui en a vu d'autres depuis qu'il existe, a réussi à tenir l'équidistance entre l'opposition et la majorité dans le contexte, périlleux pour lui, de la décentralisation. Il a même su phagocyter les éléments étrangers que le pouvoir lui avait imposés de 1981 à 1986. Les quelques militants communistes devenus sous-préfets et préfets se coulèrent dans le moule et dans l'uniforme brodé de feuilles de chêne avec le même naturel que ce syndicaliste de la CFDT devenu Commissaire de la République avant de se retrouver ministre dans le gouvernement Rocard [1]. Tout se passe comme si les attributs de la République, jadis réservés à la haute couture, s'étalaient désormais dans les rayons du prêt-à-porter.

Lettres d'amis qui vous veulent du bien

Pendant les premières semaines où le pouvoir s'installe, Matignon est submergé par des messages et des lettres

---

1. Il s'agit de Jacques Chérèque.

« d'amis qui vous veulent du bien ». Ces documents, dont on taira pudiquement la provenance pour la plupart d'entre eux, sont des lettres de délation voire des « organigrammes commentés ». Le secteur audiovisuel se prête facilement à ce genre de dérives. Les placardisés ont passé de longs moments à établir la liste des « traîtres » qu'il faut épurer. D'autres, de peur d'être taxés de collaboration avec le pouvoir précédent, débordent de zèle et adressent au pouvoir issu des urnes des manifestes d'adhésion assortis de quelques considérations bien senties sur tel ou tel individu accablé de tous les péchés. Le Premier ministre ne lit pas ces lettres que le secrétariat particulier, sagement, répartit entre les membres du cabinet concernés. Près d'une soixantaine échoueront ainsi sur mon bureau entre mars et mai. Puis le rythme se calmera, pour reprendre à l'automne avec la nomination des membres de la CNCL.

Au départ, cette littérature surprend. J'ai essayé de comprendre les motivations de celles et ceux qui se jettent à l'eau et n'hésitent pas à signer des actes d'accusation qui rappellent les mauvais moments des années 40-45. Ils se condamnent eux-mêmes et n'imaginent pas un seul instant l'image qu'ils donnent de leur personne, alors qu'il s'agit le plus souvent de braves pères ou mères de famille un peu excédés par des mises à l'écart qu'ils estiment, souvent à juste titre, imméritées. Faut-il, pour autant, s'avilir à salir autrui?

Le patron de presse – décédé depuis – qui réclame la tête du chef de service juridique et technique de l'information [1] pour y placer l'un de ses protégés, se doute-t-il que sa lettre est passée par un circuit administratif où il

1. Le SJTI est le service du Premier ministre qui assure pour le compte de l'État la tutelle de la presse écrite et du secteur audiovisuel.

aurait pu fort bien se trouver un plaisantin pour faire tourner malignement une photocopieuse... Elle sera récupérée – in extremis – pour aller prendre place, avec d'autres, dans une armoire forte.

Le modèle du genre sera un document d'une dizaine de pages relatif au personnel de Radio France internationale et de ses « agents rouges » et « syndicalistes rouges ». Suit la liste de ceux qu'il faut « éjecter de la société ». Tel « mange la soupe aussi bien de la main droite que de la main gauche »; tel autre est « rouge. Plus rouge que lui, tu meurs »; celui-ci « socialiste, doit partir »; celui-là « qui a couvert toutes les magouilles de la Gauche-Kadafi *(sic)* de RFI » est « à déplacer dans une chaîne privée », probablement le châtiment suprême aux yeux du comité de Robespierre au petit pied qui a rédigé le rapport. Ce document connaîtra le même sort que les autres.

Le pouvoir est ainsi assailli de tous côtés par la cohorte de ceux qui réclament des têtes et tout de suite. J'aurai beau m'en expliquer avec certains de mes interlocuteurs, auxquels je ferai remarquer l'effet désastreux – et durable – du Congrès de Valence pour le gouvernement Mauroy, je serai rarement compris et même accusé de ne pas soutenir « nos propres amis ». C'est dans le camp des vainqueurs que se recrute toujours le plus grand nombre de déçus. En ce printemps de 1986, le secteur audiovisuel demeure plongé dans une atmosphère de règlements de comptes. Il est vrai qu'il en a vu de toutes les couleurs, au sens propre et figuré, depuis 1958. Il faut posséder beaucoup de talent pour survivre aux changements de cap incessants de la télévision publique. Les sans-grade et les fonctionnaires de l'audiovisuel façon ORTF auront eu tout le temps de pétrir leur rancune et de macérer dans leur volonté de revanche. Dans les secteurs plus classiques tels que l'administration et les entreprises publiques, les transitions se font plus en souplesse; il existe des cursus classiques d'accès aux plus hautes responsabilités qui priment en général sur l'appartenance politique. Par ailleurs, l'alternance joue ici entre un très petit nombre d'individus, au sein d'un club qui se retrouve une fois par mois au dîner du Siècle et les fins de semaines au golf ou au Polo. Tout dirigeant, qu'il soit à la tête d'une entreprise privée ou d'une structure publique, gère à sa façon le changement qui s'opère à la tête de l'État et, de ce point de vue, Matignon apparaît bien comme la plaque tournante vers laquelle convergent ces signaux en tous genres au piège desquels plus d'un conseiller peut se laisser prendre s'il ne se persuade pas, dès le premier jour, qu'il est locataire du palais à titre précaire et que la cohorte de ceux qui font désormais antichambre pour être reçus par lui connaissent parfaitement cette précarité.

CHAPITRE II

Portrait de groupe avec dames

L'accouchement gouvernemental

Il n'était pas évident, le 16 mars 1986, que Jacques Chirac devînt chef du gouvernement. Il y avait naturellement vocation, comme dirigeant du groupe de la majorité le plus représenté à l'Assemblée nationale. Mais François Mitterrand aurait fort bien pu faire appel à un autre, tout en respectant parfaitement la lettre de la Constitution, qui prévoit que le choix du Premier ministre relève du Président et de lui seul. Deux émissaires, Bianco du côté de l'Élysée et Balladur du côté de l'Hôtel de Ville, se diront, ces jours-là, quelques vérités simples. « Nous sommes incontournables » sera le message du futur numéro deux du gouvernement Chirac tandis que le secrétaire général de l'Élysée répondra – comme en écho : « Bien entendu, nous sommes des démocrates. » Les tentatives de retour à Matignon de Chaban et les bruits concernant Simone Veil resteront donc lettre morte. Le maire de Bordeaux obtiendra, contre sa non-implication, le perchoir, revendiqué discrètement mais fortement par Giscard qui aura été à cet égard le premier déçu de la cohabitation. L'UDF et le RPR achèveront de peaufiner le dispositif en faisant connaître publiquement la nouvelle règle du jeu : n'obtiendrait leur investiture pour Matignon que celui dont la candidature aura été agréée, au préalable, par les deux formations politiques de la nouvelle majorité. Contexte politique oblige, les partis occupent ainsi pleinement l'espace où le pouvoir se construit. La nouvelle majorité n'a que le Parlement où puiser sa légitimité. La citadelle élyséenne, malgré les injonctions des partisans du « se soumettre ou se démettre », tiendra bon, coûte que coûte et vaille que vaille pendant vingt-cinq mois et huit jours.

La situation est sans précédent dans les annales de la Cinquième République : le dosage des ministères sera, au millimètre près, le reflet du poids respectif des formations politiques. Leurs chefs garderont leur casquette tout en devenant ministres. Confusion des genres – inévitable en ce printemps de 1986 où la victoire électorale est si courte – et qui ne sera pas pour rien dans la mini-crise de Fréjus de l'été 1987 dont François Léotard sera le héros, même si le poids politique de certains ministres leur sera, en fait, d'un grand secours lors des arbitrages budgétaires et financiers qui ponctuent toute trajectoire ministérielle en laissant à la bouche des ministres dépensiers un goût généralement amer. Singulier mélange et étonnant patchwork que cette équipe où tous les ténors se trouvent peu ou prou rassemblés. Les jeunes turcs du parti républicain – dans quelques semaines, on les appellera « la bande à Léo » – se taillent la part du lion au sein de l'UDF. Rétrospectivement, la solidité de l'attelage apparaît d'autant plus miraculeuse que les ingrédients des crises auront été encore plus nombreux que ce que nous imaginions tous au départ.

Gouverner, dans ces conditions, c'est aussi composer et, souvent, recomposer.

Pouvait-il en être autrement? Difficilement. La légitimité gouvernementale procédait alors du Parlement et de lui seul. Situation classique sous la Quatrième République et peu choquante pour les citoyens qui, dès le début, en redemandèrent, quoique la situation fût inédite dans les annales de la Cinquième.

En mars 1986, ce pragmatisme, ou cette « plasticité républicaine » – comme on voudra –, n'est qu'une partie d'un tout dominé par l'ordonnancement présidentialiste de notre Constitution tel qu'il a été voulu par de Gaulle. Que faire? Refuser de gouverner? L'imaginer, simplement, c'eût été témoigner d'un abîme de mépris pour le suffrage universel. Les Français souhaitaient changer de majorité parlementaire, et à partir du moment où le Président – c'était son droit – n'envisageait pas de se démettre de son mandat, il fallait donc « co-ha-bi-ter ». Ce qui fut fait.

Les candidats à la cohabitation furent, comme il se doit, fort nombreux. Le grand bureau d'angle du maire de Paris aura été, pendant cinq jours, le théâtre des scènes homériques de ce grand ballet républicain où, Premier ministre déjà nommé, il « consulte ». Les consultations les plus importantes se font par téléphone. Lorsque les impétrants – ou les prétendants – se déplacent, c'est en général que leur situation est sur le fil du rasoir ou alors qu'il faut, à défaut de leur donner satisfaction, leur permettre de montrer urbi et orbi – c'est-à-dire aux caméras de télévision – qu'ils auraient pu faire partie, en raison de leur talent et de leur expérience, de la nouvelle équipe ministérielle. C'est ainsi que tel vice-président du Sénat, qui se serait bien vu Garde des Sceaux, fit au Premier ministre une auguste et digne visite qui permit à certains commentateurs de l'inscrire sur la liste des ministrables. Peut-être, sait-on jamais, y a-t-il cru un moment lui-même alors qu'à ma connaissance il n'en fut vraiment jamais question. L'attribution des grands portefeuilles ne posa pas de problèmes, à l'exception de la Défense et des Affaires étrangères. François Léotard avait eu l'intelligence de ne pas accentuer son forcing pour obtenir le portefeuille des Armées, auquel il s'était pourtant préparé avec un groupe de travail composé de quelques bons spécialistes en matière de défense, énarques et ingénieurs de l'armement qui lui avaient peaufiné d'imposants dossiers : débuter une carrière ministérielle aux Armées n'est pas la voie la plus facile. Qui plus est, le ministre de la Défense est, de par ses fonctions, un muet du sérail, perpétuellement tourné vers la gent militaire – là où on ne parle pas à des « civils » – lorsqu'il n'est pas ligoté de tous côtés par des secrets d'État qui l'acculent implacablement à pratiquer une langue de bois de moins en moins audible par nos contemporains. Difficile, dans ces conditions, de pratiquer le « parler vrai »! Pour les Affaires étrangères, qui participent, avec la Défense, de ce domaine partagé, à défaut d'être réservé, entre le président et son gouvernement, Édouard Balladur poussera la candidature d'un diplomate chevronné, ennemi des gaffes et professionnel aguerri des négociations diplomatiques : Jean-Bernard Raimond, normalien agrégé de lettres classiques, énarque et giralducien distingué, alors ambassadeur à Moscou et dont la moindre des qualités n'était pas d'avoir fait partie du cabinet du président Pompidou à l'époque où le secrétaire général de la Présidence de la République était le futur ministre d'État de l'Économie, des Finances et de la Privatisation.

Le Quai d'Orsay aspirait à avoir à sa tête un homme du sérail rompu au maniement de cet outil indispensable qu'est l'annuaire diplomatique, à l'apparence d'un gros missel, où se trouvent consignés les noms et le pedigree de la fine fleur de notre diplomatie.

Comme ils le réclamaient, les diplomates héritèrent de l'un des leurs; ils poussèrent des soupirs de soulagement, les nominations extérieures intervenues dans la carrière entre 1981 et 1986 ayant été fort mal vécues par un corps où l'on ne compte plus les ministres plénipotentiaires qui attendent, sans grand espoir, une ambassade. Quant au portefeuille des Armées, il échut à André Giraud, l'un des « papes » du corps des Mines, ancien administrateur du Commissariat à l'Énergie atomique avant de devenir ministre de l'Industrie du gouvernement de Raymond Barre. L'habitude des hautes responsabilités et du maniement des secrets (le patron du nucléaire français est l'une des cinq ou six personnes les mieux informées sur les forces armées et les divers mécanismes de notre dissuasion nucléaire), son goût pour les affaires de Défense – il fera passer, au cours de l'été 1985, quelques informations de première main à Jacques Chirac sur le déroulement de l'opération du Rainbow Warrior – le désignaient tout naturellement comme locataire de l'élégant hôtel de Brienne dont le perron donne sur la rue Saint-Dominique, impeccablement gardé par des gendarmes en grand uniforme qui vont et viennent, comme dans un ballet entre les commodes estampillées et les fanions chamarrés de régiments dont les murs de l'hôtel sont ornés.

Ainsi, dans ces fonctions qui auraient pu être le talon d'Achille de la cohabitation, le choix de Jacques Chirac se portera sur des hommes offrant toutes les garanties de professionnalisme. Raymond et Giraud seront d'ailleurs les seuls, exception faite du Premier ministre, à être reçus chaque semaine à l'Élysée pour faire un tour d'horizon avec le chef de l'État. La Constitution est des plus claires : sur la défense – le président est chef des armées – et sur la politique étrangère – il signe les traités – un droit de regard particulier, qui peut aller de l'initiative au veto, est exercé par la présidence de la République. Paradoxalement, ces prérogatives constitutionnelles ne se traduisent pas par une prise directe sur les budgets des armées et des affaires étrangères, c'est-à-dire sur le nerf de la guerre. Le président dirige mais c'est le gouvernement qui paie. Partage délicat, pour ne pas dire explosif. François Mitterrand veillera sur ses prérogatives avec un soin jaloux, cependant que Jacques Chirac aura été le Premier ministre de la Cinquième République à s'impliquer le plus dans ces deux domaines traditionnellement confisqués par l'Élysée. Il se dotera d'ailleurs d'une cellule diplomatique nombreuse formée de diplomates aguerris. Tous les télégrammes diplomatiques passeront par Matignon. La cohabitation, sans modifier la règle du jeu constitutionnel, en transformera le mode d'emploi. Là où Chirac disposera de sept diplomates, Rocard, en mai 1988, s'en contentera de trois. Les protagonistes de la cohabitation s'entendront toujours pour faire en sorte que la France parle d'une seule voix au cours des sommets et lors des négociations internationales. L'action des pouvoirs publics, entre 1986 et 1988, dans le domaine que Chaban qualifiait jadis de « réservé », sera à coup sûr l'objet de thèses passionnantes pour chercheurs en science politique. Elle apparaîtra probablement comme une parenthèse unique dans l'histoire de la Cinquième République, puisque, une fois n'est pas coutume, le domaine réservé sera, dans les faits, partagé entre la rue de Varenne et la rue du Faubourg-Saint-Honoré.

Rétrospectivement, et compte tenu de la complexité de l'équation politique à résoudre, l'équipe Chirac aura somme toute été rapidement constituée. Seul petit accroc, l'absence, dans la première liste, de ministre de la Santé. L'oubli – c'en était un et cela arrive aussi en politique – sera réparé au bout de quelques jours, au profit de la belle Michèle Barzach dont les prestations médiatiques révéleront le talent puis la popularité.

Quelques champions resteront sur le bord du chemin. Jacques Toubon était partant pour la Culture – c'est un passionné de peinture contemporaine; il laissera la place à Léotard, puis à Chalandon : il aurait aussi bien pu devenir Garde des Sceaux. Michel Péricard abandonnera l'environnement à Alain Carignon et Bertrand Cousin le secrétariat à la Mer à Ambroise Guellec, tandis que Guy Drut s'effacera devant Christian Bergelin pour les sports. D'autres changeront de portefeuille, comme Camille Cabana, originellement promis à l'Équipement et qui se verra finalement confier, dosage politique oblige, sous la tutelle du ministre d'État, les privatisations. Philippe de Villiers eut un destin inverse. Battu de peu aux élections en Vendée, il allait se voir proposer un poste de chargé de mission à la mairie de Paris quand François Léotard, dont il avait fait connaissance par l'intermédiaire d'Alain Madelin à la Fondation de la Liberté, lui téléphona pour lui annoncer sa nomination comme secrétaire d'État auprès de lui. Ce fougueux sous-préfet, le seul de son espèce à avoir démissionné en juin 1981 lorsque Yvette Chassagne devint la première femme préfet, dans le Loir-et-Cher où il officiait à la sous-préfecture de Vendôme, se trouva ainsi propulsé en politique; l'inventeur du spectacle du Puy-du-Fou s'installera sur la cour du Palais-Royal et dominera ces colonnes de Buren qu'il n'arrivera jamais à trouver belles. Mais, lorsque la politique vous happe, elle ne vous lâche plus. Le prince des chouans deviendra le notable le mieux élu de France aux législatives de 1988.

La morphologie du pouvoir : les vizirs, les mousquetaires et les autres

Décrire le pouvoir comme un pays, avec ses centres urbains, ses campagnes verdoyantes, ses zones sinistrées et ses pics acérés... La comparaison s'y prête volontiers. Un gouvernement, c'est toujours une équipe nombreuse et forcément disparate. Il y a les grands féodaux, très politiques, dont le poids excède toujours la fonction; il y a les techniciens quelque peu égarés dans la jungle politique et à qui, très vite, s'offre le choix entre le basculement dans celle-ci, dans ses contraintes et ses règles ou, au contraire, le glissement vers la marginalité gouvernementale (les marginaux gouvernementaux sont beaucoup plus nombreux qu'on croit). Il y a ceux qui sont faits pour être ministres depuis qu'ils sont nés et ceux qui ne s'y feront jamais. Il y a ceux qui se révèlent excellents et les autres, qui, malgré leurs qualités, qui sont réelles, ne cessent de glisser vers le bas de ce palmarès gouvernemental qui se tient implicitement à Matignon et à l'Élysée tous les jours puisque c'est là qu'on juge, en fin de compte, les prestations des uns et des autres, le soir autour d'un verre de punch planteur, lorsque seules, dans un Paris déserté par les ministres en meeting, les éminences veillent sur la marche de la République.

Il y a aussi l'envers du décor. Les coulisses de ce théâtre rutilant sous les lumières des spots où se meut l'homme public sont beaucoup plus banales qu'on ne l'imagine. Tout ministre, fût-il le dernier secrétaire d'État, est inscrit, dès sa nomination, même s'il ne le sait pas encore, sur les rôles du grand cirque médiatique. Il y est jaugé, testé, soupesé, invité, souvent piégé. La télévision l'appelle, lui tend les bras. S'il ne surmonte pas victorieusement ce premier baptême du feu, il est impitoyablement rayé des listes; son nom n'est plus jamais cité; pis encore, une fâcheuse réputation, souvent infondée, lui collera à la peau pendant des années. C'est pourquoi, dans tout gouvernement, si l'on fait le compte, il y a beaucoup de ministres dont on parle fort peu et qui ne dépasseront jamais, en notoriété, l'horizon de leur fonds de commerce. Leur nom ressortira, au détour d'un texte de loi qu'ils auront présenté au Parlement et qui gardera leur patronyme ou alors qu'ils commettront une gaffe qui fera baisser un peu plus leur cote gouvernementale, tout en faisant jaser dans les gazettes. Pour tous, quelles que soient leur aura et leur notoriété, des plus importants aux plus petits, des monstres sacrés aux inconnus du sérail, il y a cette immense solitude, dès que le rideau est tombé, de l'homme public lorsqu'il redevient lui-même; solitude des retours de périples exténuants et de meetings dans les lueurs blafardes du petit matin; solitude de celui qui détient un pouvoir vis-à-vis de ceux sur lesquels il l'exerce; solitude de l'individu qui, toute la journée, est en représentation. Matignon est un observatoire incomparable de l'envers de ce décor. Les ministres y font antichambre, comme tout le monde, et les relations qu'ils entretiennent avec le Premier ministre et, partant, avec ses plus proches collaborateurs sont d'une nature particulière. Ils vont même jusqu'au traitement d'égal à égal avec les conseillers les plus chevronnés comme Ulrich et Foccart. En réalité, c'est à Matignon qu'un ministre peut enfin devenir lui-même. Il n'a pas à assumer sa fonction devant ses collaborateurs. J'ai vu ainsi passer de la déférence à la raideur et de la gentillesse à la tension des hommes et des femmes passant du bureau de Jacques Chirac à l'antichambre où les attendent leurs conseillers techniques. De même, les comités interministériels où l'on travaille sans observateurs extérieurs ne connaissent pas l'ambiance compassée et codifiée des conseils des ministres. Il s'y révèle des personnalités. Certains regards perçus l'espace d'un instant sur un visage ministériel visiblement harassé ou excédé par un déjeuner ou une réception protocolaire qui se sont prolongés, en disent plus long qu'une minutieuse étude d'un curriculum vitae ou une notice de Who's Who sur la personnalité de l'intéressé. Les façades, alors, peuvent s'estomper pendant quelques secondes et s'ouvrir, béantes sur le fond des êtres.

Pour le citoyen-électeur, l'envers de ce décor importe peu. Ce qui lui chaut, c'est ce qu'on lui en remontre. Il aime ces grandes divas, qu'on surnomme aussi les poids lourds de la politique, ceux dont le nombre, quel que soit le gouvernement, se compte toujours sur les doigts d'une main. Et c'est là qu'apparaissent, au faîte de leur gloire et auréolés de leur puissance, les vizirs du gouvernement Chirac. Édouard Balladur et Charles Pasqua auront bénéficié, en effet, d'un statut à part dans le dispositif gouvernemental. Tout les sépare, dans les apparences et dans les origines. Le premier a passé la plus grande partie de son existence dans l'ombre du pouvoir pompidolien au moment où le second battait la campagne électorale en inscrivant – déjà – son action dans la camaraderie des réseaux issus de la Résistance et du compagnonnage gaulliste où l'on se retrouve aussi bien entre Corses qu'entre francs-maçons dans une connivence si particulière qu'elle résiste à bien des aléas et dont Jacques Foccart reste l'un des parangons incontestés et incontestables. L'un a commencé dans la vie comme directeur des ventes d'Anisette Pernod-Ricard et l'autre sous les lambris dorés du Conseil d'État où il entra comme auditeur, en 1957, après sa scolarité à l'ENA. Charles Pasqua et Édouard Balladur se respectent mais se connaissent-ils vraiment? Ils n'appartiennent pas au même monde. Leur carrière politique ne s'est croisée que par l'entremise de Jacques Chirac. Ils auraient pu fort bien ne pas se rencontrer. Balladur goûtait aux charmes du privé tandis que Pasqua se délectait des arcanes politiques sénatoriales. Leurs pôles magnétiques sont quasiment antagonistes. Pasqua tient au RPR, comme à la prunelle de ses yeux et il n'a pas son pareil pour organiser ces grandes messes gaullistes dont on perd peu à peu le goût, comme si le déclin de la liturgie catholique s'était accompagné de celui des manifestations politiques publiques telles qu'on excellait à les mettre en scène autrefois. Son ascension dans l'appareil gaulliste s'est faite lentement, presque besogneusement. C'est par le biais d'une pratique très habile et ronde de la présidence du groupe gaulliste du Sénat qu'il s'est réintroduit véritablement dans le jeu politique pour quitter ce rôle d'éminence grise légèrement sulfureuse qu'on lui prêtait lorsqu'il se trouvait encore dans le sillage tourbillonnant de Pierre Juillet et de Marie-France Garaud. Balladur possède de naissance cette onctuosité du prélat et cet imperium des cardinaux de la Curie romaine avant le concile de Vatican II. Plus les esprits sont agités et plus il se montre calme. Lorsqu'il fait des remontrances, c'est d'un ton équanime. La politesse exquise dont il témoigne, jusqu'au bout des ongles, est pour lui la dernière des coquetteries, même lorsqu'il se bat pour faire admettre son point de vue. L'homme est du genre obstiné. S'il a pris une position, sur un sujet quelconque, il s'y tient contre vents et marées. Avec ça, il est capable de faire admirer au Premier ministre, en voiture, les superbes chaussettes rouges qu'il porte sous un costume rayé très british, au rouge assorti aux rayures d'une chemise chez Hilditch and Key, ou de parler longuement des peintures les plus contemporaines du Centre Georges-Pompidou sur l'existence duquel il se penche de très près en tant que président de la Société des amis du Centre. Il ne tutoie ni son épouse, ni Jacques Chirac mais l'appelle « Jacques », y compris dans les comités interministériels, ce qui est un privilège.

Pasqua, lui, tutoie Chirac et l'appelle monsieur le Premier ministre devant les ministres. Les deux hommes sont liés par la fidélité. C'est tout dire. En octobre 1986, Pasqua se rendra personnellement à l'Hôtel de Ville pour convaincre Chirac d'utiliser sa propre voiture blindée. Le « Premier », malgré des menaces d'attentats précises dûment signalées par les services spéciaux, en particulier sur le trajet Hôtel de Ville-Matignon, continue à refuser les escortes spéciales et un véhicule dont la tôle résisterait aux balles de ses assaillants. C'est l'époque où la violence terroriste se déchaîne, avec ses cortèges de morts et de mutilations horribles, physiques et mentales. Paris a peur. Les cinémas et les grands magasins sont désertés. Le ministre de l'Intérieur prend l'affaire en main, avec Michel Roussin. Il obtient, après une réunion épique qui aura lieu un samedi matin du mois d'octobre 1986, d'échanger sa propre R 25 contre celle de Chirac. De surcroît, une moto banalisée, sur laquelle prendra place un policier armé derrière le pilote, tous deux en civil, blouson de cuir et jeans, suivra désormais à distance le convoi composé de la R 25 blindée et de la 505 « suiveuse » avec à son bord quatre inspecteurs. En cas d'embuscade, la moto pourra intervenir de loin et prévenir la 505. Le Premier ministre mettra plusieurs mois avant de s'apercevoir qu'un gros cube le suit ainsi discrètement à la trace. Si Chirac était une vedette de la chanson, Pasqua serait son garde du corps-imprésario. S'il était un champion de boxe, il serait son soigneur-entraîneur.

Le poids des deux vizirs, leur omniprésence, leur rôle dans la gestion des deux dossiers les plus sensibles de la cohabitation – la sécurité et les dénationalisations – peuvent s'analyser comme une véritable délégation des pouvoirs du Premier ministre donnée à ces deux hommes. Jacques Chirac, parce qu'il leur fait totalement confiance, sous-traitera volontiers les problèmes de sécurité et ceux de l'économie à Charles Pasqua et Édouard Balladur. Les autres ministres auront parfois du mal à admettre que le ministre des Finances dispose ainsi d'une faculté d'arbitrage en dernier ressort, comme un vice-Premier ministre.

Ces autres ministres, ce sont les mousquetaires du gouvernement Chirac. Plus nombreux, ils sont la plupart plutôt jeunes. Pour certains, 1986-1988 aura été la révélation, pour d'autres le baptême du feu, pour quelques-uns, peut-être, le début de la fin. Les plus chanceux ont hérité d'un ministère plein. Les autres d'une délégation ou d'un secrétariat d'État. Pour ceux-ci, la tâche sera plus compliquée, confer Alain Devaquet dans ses rapports avec René Monory ou même le fonctionnement du tandem Barzach-Séguin ou Villiers-Léotard.

Les mousquetaires se répartiront très vite en deux catégories : la bande à Léo et les autres. Léotard, Madelin et Longuet ont su cultiver leur formation en trio, avec, de temps en temps, des extensions au quatuor (Douffiagues), au quintette (Charette) et même au sextuor (Giraud). Leur petite musique faite de parler-vrai et de coups médiatiques ne s'invente pas si facilement que cela. Le trio agira toujours de concert, même si Longuet voue à Chirac une réelle admiration et des sentiments d'amitié qui le conduiront à plusieurs reprises à envoyer au Premier ministre de longues lettres manuscrites personnelles pour s'expliquer sur certains points où il souhaitait faire valoir sa propre opinion, qui ne correspondait pas forcément au diapason du groupe. Longuet apprécie modérément le style de Raymond Barre dont le caractère professoral ne colle pas vraiment avec son caractère de « cadet de Gascogne » qu'il retrouve par contre dans certains aspects de la personnalité du Premier ministre. Son cœur penche pour Chirac même si la raison l'inclinera à soutenir le champion de l'UDF. Travailleur acharné, le ministre des PTT est l'un de ceux qui signe le plus grand nombre de lettres. Les parapheurs forment le soir, sur son bureau, une muraille compacte derrière laquelle il disparaît. Il saura caresser dans le sens du poil l'hyperpuissante direction générale des Télécommunications et s'en faire apprécier tout en ménageant la susceptibilité des postiers, non sans faire passer, avec l'air de n'y pas toucher, quelques idées importantes sur la nécessaire déréglementation des télécommunications. Par l'impact des commandes publiques dont il a l'initiative, le titulaire du portefeuille des PTT est probablement le plus influent des ministres derrière celui des Finances. Les industriels le savent, et, en général, lui font la cour. Face à la toute-puissante rue de Rivoli, il lui faut tirer habilement parti de la formidable force de frappe financière que représente le budget annexe des PTT dont les recettes sont d'ordre commercial mais qui, du fait du statut d'administration de la Poste et des Télécommunications, relèvent malgré tout de la tutelle des Finances. Cette ambiguïté vaut au ministre des PTT l'obligation de livrer un combat titanesque avec la rue de Rivoli pour repousser la tentation permanente de la direction du Budget consistant à utiliser les milliards procurés par les recettes de timbres et de téléphone pour combler le déficit des finances publiques.

A trois semaines du premier tour des élections présidentielles, Longuet s'affranchira de l'autorisation de Balladur et décidera, avec la complicité amicale et tacite de la Caisse des Dépôts et Consignations [1], de rémunérer les comptes chèques postaux des agents du ministère. La mesure, illégale sur le plan strict de la réglementation, fera hurler les Finances et provoquera un tollé à la direction du Trésor. Balladur convoquera Longuet mais lui parlera d'autre chose, avant de lui adresser une lettre pour lui signifier que la rémunération des comptes CCP des postiers et des téléphonistes était contraire à la loi bancaire et qu'il fallait, par conséquent, l'annuler. Mais aucun gouvernement n'enlève aux postiers un avantage de ce type quelques jours avant une consultation électorale. Longuet aura gagné, certes par surprise, mais par KO tout de même, ce dernier combat contre la rue de Rivoli.

Sur ce terrain, Madelin sera moins chanceux. Il aurait souhaité, par goût, la Communication, domaine dans lequel il avait déjà beaucoup investi sur le plan intellectuel, lorsqu'il était dans l'opposition. Il laissera la place à Léotard et héritera de l'Industrie. Il y délaissera le grand bureau solennel où se tient le ministre pour un élégant cabinet de travail dont les murs s'ornent de boiseries d'époque Directoire. La pièce sera très rapidement encombrée par les livres et les articles qu'il empile pour les lire comme s'il en avait encore le temps; l'équipe dont il s'est entouré est brillante et efficace; il épuise ses collaborateurs et n'hésite pas à les garder jusqu'à des heures avancées de la nuit. Madelin aime le brain-storming et ce grand admirateur de Reagan sait tra-

1. La Caisse gère les fonds collectés par les PTT.

vailler à l'américaine, en bras de chemise et pieds sur la table, attitudes assez peu courantes, il faut bien le dire, dans les palais de la République. En avril 1986, il essayera sans succès d'organiser un séminaire d'un week-end à la campagne qui aurait réuni Léotard, Longuet, leurs cabinets et l'auteur de ces lignes, pour réfléchir à l'architecture générale de la nouvelle loi sur la communication. Bien entendu, les emplois du temps des ministres se chargeront d'exclure toute velléité de ce genre. L'élaboration de la loi ne se fera pas au vert mais du côté du Palais-Royal, dans les bureaux où les décorateurs choisis par Jack Lang s'étaient livrés à des travaux pratiques non dénués de charme, en mélangeant les boiseries anciennes aux meubles arrondis en chêne cérusé dessinés par Andrée Putman.

Dans son activité de ministre, Madelin n'aura pas la tâche facile. Le ministère de l'Industrie est une invention technocratique qui n'a que deux raisons d'être. La première, c'est de constituer le siège du puissant corps des Mines. La seconde, c'est d'essayer de servir de contrepoids au pouvoir de la toute-puissante direction du Trésor. En effet, les aides publiques aux entreprises en difficulté – les entreprises florissantes, on s'en doute, ne fréquentent pas les couloirs poussiéreux de l'administration – sont instruites par la rue de Rivoli qui, astucieusement, a su mettre en place, dans les années 70 où elles firent fureur, ces infirmeries aux noms bizarres pour secteurs en perdition tels le Ciasi [1] puis le Ciri [2], au grand dam de la direction générale de l'Industrie qui n'avait pas son mot à dire puisqu'elle ne disposait d'aucun moyen financier pour octroyer ces aides. C'est pourquoi, tout allégement des

1. Ciasi : comité interministériel d'aménagement des structures industrielles.
2. Ciri : comité interministériel de restructuration industrielle.

structures de la rue de Grenelle (siège du ministère de l'Industrie) s'il ne s'accompagne pas d'une opération parallèle et similaire du côté de la rue de Rivoli, aboutit au renforcement de celle-ci. C'est ce qui se passe depuis dix ans. C'est ce qu'Alain Madelin n'a pas su – ou pu – empêcher. Le passage éclair de l'ancien président d'IBM international Jacques Maisonrouge, dont le salaire n'était toujours pas réglé au moment où il quitta son poste (la direction du Budget considérait que Madelin lui avait concédé des avantages exorbitants en lui accordant une rémunération qui ne dépassait pas le quart de son salaire de Président d'IBM) ne fit qu'accentuer le malaise de cette administration dont la raison d'exister s'estompe au fur et à mesure que l'économie administrée recule. Après avoir rendu aux Finances des postes budgétaires lors du collectif de 1986 et s'être félicité des coupes sombres opérées sur ses crédits d'intervention dans l'industrie, le ministre de l'Industrie changera peu à peu d'attitude et sera contraint, comme tous ses prédécesseurs, de ferrailler pour obtenir les dotations en capital qu'il réclamera, par exemple, pour la Régie Renault sans d'ailleurs les obtenir. Le libéral se fera dépensier et parmi les séances budgétaires les plus mémorables au cours desquelles chaque ministre vient plaider son budget rue de Rivoli, on ne résistera pas au plaisir d'évoquer celle qui mettra aux prises, un certain soir de juillet 1987, le pétulant avocat qui connaît son Hayek sur le bout des doigts et le ministre d'État, plus souverain et calme que jamais, dans son bureau qui fut celui de Colbert. La discussion, soudain, prit un ton plus âpre et l'on vit Madelin se lever et contourner le bureau du ministre d'État pour aller s'asseoir tout contre lui et justifier avec fougue, documents à l'appui, les demandes du ministère de l'Industrie tandis que Balladur s'efforçait de cacher aux yeux de son interlocuteur la note budgétaire confectionnée par ses collaborateurs où était inscrit le chiffre fatidique, jusqu'où pouvait aller la transaction budgétaire. Madelin apprendra lui aussi à livrer cet inégal combat qui est celui d'un ministre de l'Industrie libéral face au grand argentier de l'État qui ne l'est pas moins mais reste comptable des deniers du contribuable.

Prince des mousquetaires et presque vizir lui-même, François Léotard fait toujours plus jeune que son âge. D'emblée, il me tutoya. Je le trouvai chaleureux et humain. Plus tard, j'apprendrai que nos relations, je ne sais pourquoi, étaient devenues moins bonnes. C'était du moins ce qui se colportait dans les gazettes, probablement à cause de la CNCL. Pourtant, je ne l'aurai pas vu quatre fois en tête à tête, en deux ans et je lui conserve toute mon estime et mon amitié. Cet homme a le port élégant des sportifs et la maigreur de visage des marathoniens. Dans la petite salle à manger spécialement aménagée par Jack Lang sur le Palais-Royal où il reçoit tous les jours des artistes et des hommes politiques, il se contente de toucher à peine aux mets. Il ne boit presque pas. Les assiettes et les couverts ont été spécialement créés pour son prédécesseur. Il n'a rien voulu changer. Probablement par modestie. C'est tout à son honneur. Par contre, il a choisi de ne pas s'installer dans le bureau que Lang a fait décorer par la styliste Andrée Putman et a opté pour la pièce plus vaste et plus classique où travaillait André Malraux. Il fera de ce choix un symbole. Léotard a le regard profond et brûlant des mystiques. Il aurait pu faire toute autre chose que de la politique. Pourquoi a-t-il épousé la vie publique alors que paraît si intense son désir de s'enfermer dans son jardin secret? La politique le retiendra beaucoup hors de la rue de Valois. Cela lui sera souvent reproché par le microcosme parisien qui tient à savoir que son grand prêtre ne déserte pas les mânes de la culture, lesquelles, bien sûr, n'existent qu'à Paris.

Son bilan ministériel peut être décomposé en deux périodes. La première, où il a semblé – mais y croyait-il vraiment? – caresser l'idée de se présenter à l'élection présidentielle, correspond aussi au marathon parlementaire du vote de la loi sur la communication qui lui laissera un souvenir exécrable. La seconde part de la crise de Fréjus, qui faillit le conduire à la démission, jusqu'à mai 1988, époque où son entrée dans l'opposition se fera comme on entre dans les ordres : sans état d'âme. Après avoir beaucoup donné, nouvelle loi oblige, dans le secteur de la communication, il cherchera à s'investir davantage dans la culture et passera ainsi de longues heures à se faire expliquer presque un à un les tableaux des grandes expositions de peinture, mettra un point d'honneur à aller au théâtre chaque soir et à honorer de sa présence la quasi-totalité des festivals dont la France se couvre pendant les mois d'été.

La signature de François Léotard est très curieuse. Elle forme une sorte de cœur inachevé, à la courbure parfaitement symétrique. C'est plutôt une griffe, quoique très dessinée. Il écrira souvent au Premier ministre, sur du papier à lettres de petit format en commençant toujours ses missives par « Mon cher Jacques ». Son style est direct : il ne s'embarrasse pas des formules, sait ce qu'il veut et l'écrit noir sur blanc. La transmission épistolaire s'effectue généralement pendant les conseils des ministres. Grâce à ces petits mots où les formules font mouche, il obtiendra plus d'une fois des arbitrages financiers favorables ou, à tout le moins, un assouplissement de certaines positions rivoliennes sur les « Grands Travaux », les crédits du patrimoine ou les enseignements artistiques, causes perdues d'avance si elles ne sont pas défendues par une volonté politique de tous les instants tant l'investissement culturel continue à être perçu comme superfétatoire. La nomination d'un nouveau président de la Sofirad, en juin 1986, interviendra à la suite d'un de ces petits messages que Chirac répercutera sur son cabinet. Il en ira de même pour celle du directeur général de Radio Monte-Carlo et de l'administrateur général de la Bibliothèque nationale ou encore pour les arbitrages qui lui seront favorables sur le Grand Louvre et l'Opéra Bastille. Lorsqu'il veut quelque chose, Léotard l'obtiendra de Chirac, même s'il lui faut, dans certains cas, dîner en tête à tête avec le « Premier » pour, comme ils le disent chacun de leur côté, sans le savoir, « remettre les pendules à l'heure ».

Les autres mousquetaires portent le panache gaulliste. Séguin, Juppé, Barzach : trois talents, trois caractères, qui ont assurément l'avenir devant eux. Michèle Barzach revêt souvent des tailleurs bleu-Yves Klein ou rouge-Calder. La gynécologue branchée du XVe arrondissement a su se transformer en quelques semaines en super-star médiatique. Ses dossiers – les hôpitaux, l'alcool, le tabac, le sida – relèvent bien plus de l'appréciation portée sur eux par la société civile que de la règle décrétée abruptement par l'État. Le ministre doit manier les symboles beaucoup plus que les circulaires. Elle comprendra très vite ce qu'on lui demande. Sous le charme perce une autorité, probablement inflexible. Elle marquera habilement son territoire par rapport à Philippe Séguin, son ministre en chef. De surcroît, elle passe bien à la télévision, qualité qu'elle partage avec Séguin et Juppé. Ces derniers, dans des registres fort différents, se sont également créé une vraie stature de dirigeants politiques. Le premier par sa gestion des dossiers – selon ses propres termes – « pourris » du chômage et de la sécurité sociale et l'autre dans un créneau plutôt étroit mais tout aussi stratégique puisqu'il s'agit des finances publiques, certes dans le sillage et sous la tutelle d'Édouard Balladur, mais tout en réussissant à mener une activité ministérielle autonome, un équilibre savant auquel ses collègues Camille Cabana et Jean Arthuis aspirèrent sans jamais vraiment y parvenir. La liste serait incomplète sans Michel Noir, dont la haute silhouette hantera souvent les déjeuners de la majorité [1] où certains participants comprennent mal ses prises de position sans concession contre le Front National à l'exception de François Léotard et de Jacques Chirac, idéologiquement en phase avec le député de Lyon. Son parler vrai étonnera jusqu'au gouvernement soviétique qui le fera remarquer à Jean-Bernard Raimond.

Ces mousquetaires de choc, on les voit peu, finalement, à Matignon, excepté le mercredi matin, après le conseil des ministres, lorsque le ministre délégué au budget en fait le compte rendu ou que le Premier ministre en emmène un ou deux sous son bras dans son bureau pour régler un dossier délicat. Les mousquetaires, en revanche, se retrouvent lorsqu'il y a des comités interministériels, dans la salle du conseil de cabinet, au rez-de-chaussée. Avant de passer au vif du sujet, et en attendant l'arrivée du Premier ministre, qui, détestant être en retard, ne fait guère attendre ses invités plus de dix minutes, chacun papote dans une atmosphère badine, à mille lieues des empoignades feutrées qui suivent puisque tous les dossiers gouvernementaux se résument, en définitive, à des questions de gros sous. Les mousquetaires, avant qu'ils ne dégainent qui sa dague, qui son sabre, voire son poudrier, sont toujours

1. Chaque mardi se tient à Matignon un déjeuner où se retrouvent les dirigeants des partis et des groupes parlementaires qui composent la majorité.

les plus affables du monde et plaisantent souvent comme des collégiens en récréation.

Dans une collection de peintures, il y a les grands tableaux d'artistes célèbres mais il y a aussi les petits maîtres qualifiés d'« intéressants » par le Bénézit [1]. Ces petits maîtres, selon l'expression consacrée, gagnent souvent à être connus. On est souvent surpris par l'excellence de leur facture. Il y a les moustaches d'oustachi de Claude Malhuret, un médecin débarqué par mégarde en politique mais qui finira par y prendre goût. Je les aurai souvent croisées dans l'antichambre du Premier ministre lorsque leur propriétaire venait s'épancher auprès de Maurice Ulrich, toujours à l'improviste : il est dur d'être le tuteur des droits de l'homme dans la structure de l'État dont la raison, qu'on le veuille ou non, finit par s'imposer à ceux qui le dirigent. Il y a ce manteau de cachemire beige qui bat les mollets de Bernard Bosson lorsqu'il vient rendre visite à l'ambassadeur Jean-Marc Boegner, l'un des grands « Européens » du Quai d'Orsay, que le Premier ministre a convaincu de rejoindre son équipe où il travaillera, avec l'ardeur d'un diplomate frais émoulu de l'ENA, sur le dossier européen. Bosson avait échangé le portefeuille des collectivités locales contre celui des affaires européennes, un poste dont le prestige est inversement proportionnel aux moyens dont il dispose : il tentera en vain d'obtenir du Quai d'Orsay quelques centaines de milliers de francs de crédits pour faire réaliser des études sur les conséquences sociales du grand marché de 1992 dans certains secteurs d'activité. Sans administration et sans ligne budgétaire, privé d'autonomie par un Quai d'Orsay qui admet mal que

1. Le *Bénézit* est une sorte de *Who's Who* des peintres utilisés par tous les marchands de tableaux.

l'Europe lui échappe, il aura, par contre, su mesurer la longueur d'une nuit de marathon communautaire à Bruxelles, où en quelques heures qui s'éternisent jusqu'au petit matin, on rentre satisfait à Paris pour s'apercevoir qu'on a mécontenté la catégorie socioprofessionnelle concernée par la discussion bruxelloise, laquelle en voulait plus ou moins, selon : ouvriers des chantiers navals, agriculteurs, sidérurgistes : pour eux, le grand marché n'a pas les couleurs riantes qu'on lui prête sur les tréteaux électoraux. La Communauté traque toutes les aides des États membres parce qu'elles établissent des discriminations contraires au traité de Rome. L'Europe avance ainsi sur les corps des catégories sacrifiées dont le déclin s'accélère. Bruxelles contraint les gouvernants à arracher la perfusion étatique qui permettait à ces pans entiers d'une économie aveuglée par les Trente Glorieuses de ne pas s'écrouler. Bosson, entouré de quatre collaborateurs, mettra de l'huile dans les rouages de cette gigantesque et polymorphe mécanique qui doit nous conduire au grand marché de « 1992 » que nous appelons tous de nos vœux sans trop savoir ce que, vraiment, il nous réserve.

Il y a la pipe de Robert Pandraud, ancien grand patron des policiers de 1974 à 1978 et devenu ministre de la Police en 1986. « Bob », comme nous l'appelions déjà à la mairie, où il était directeur du cabinet de Chirac depuis les municipales de 1983, est un pur produit du système méritocratique français. Fils d'instituteurs, grâce à l'ENA, le jeune homme désargenté originaire de la Haute-Loire et logé dans un galetas lorsqu'il « monta » à Paris pour faire ses études grâce à une bourse, deviendra l'un des plus hauts commis de la République. Il occupera tous les postes importants de la hiérarchie d'un ministère de l'Intérieur qu'il connaît comme sa poche. Au soir du deuxième tour des élections législatives de 1981, descendu porter les résultats à Gaston Defferre, ministre de l'Intérieur, conformément à la tradition (il était alors directeur général de l'administration), il entra dans le bureau du ministre et sentit sur lui le regard lourd et presque hostile des collaborateurs du maire de Marseille se demandant pourquoi cet intrus venait ainsi déranger leurs conciliabules. Dès la semaine suivante, il se faisait nommer inspecteur général de l'administration, faute d'avoir obtenu un poste de conseiller-maître à la Cour des Comptes qui échut, en définitive, à Claude Contamine alors président de FR3. Recruté à l'Hôtel de Ville dès 1982 comme secrétaire général-adjoint, Pandraud se décida à entrer en politique en 1983. Il fut l'un de ceux qui entretint des passerelles avec le pouvoir et la mairie, en pleine période de refonte du statut de Paris. A partir de 1985, à l'approche des législatives d'éminents membres du corps préfectoral venaient rendre compte ou prendre discrètement des consignes dans son bureau. Ministre de la Police du « shadow cabinet », il fait partie de ceux que les responsabilités ministérielles n'auront pas vraiment changés. Il continuera à tirer sur sa pipe, même s'il la bourre moins souvent, à s'exprimer dans ce langage cru et avec cet accent rocailleux qui sont l'expression d'un terroir et d'un caractère.

Il y a la « vanity-case » de Lucette Michaux-Chevry, secrétaire d'État à la Francophonie, originaire de Guadeloupe où elle devint avocate avant de se faire élire présidente du Conseil général. Lucette a son franc-parler. Son dynamisme à toute épreuve lui fera prendre à bras-le-corps l'épineux et protéiforme dossier du rayonnement de la langue française. Entre le secrétaire d'État et le commissaire à la langue française, le gaulliste de gauche Philippe de Saint-Robert, le choc sera rude, pour ne pas dire direct. Ce dernier obtiendra, en guise de compensation, un poste de conseiller culturel en Belgique. Plus d'une fois, sans toujours s'en rendre compte, Lucette va bousculer l'ordonnancement feutré des cercles francophones diplomatiques où des experts peuvent plancher des journées entières pour mettre en place les mécanismes lourds et complexes qui régissent les sommets de la francophonie [1]. En voyage, Lucette est une boute-en-train. Toujours flanquée d'une jolie inspectrice de sécurité qui lui porte ses manteaux, ses petites laines (elle est frileuse) et son « vanity-case », elle ne sera pas la dernière à plaisanter, rire et danser lors des déplacements officiels. Ses colères homériques, contre la station RFO de Guadeloupe, qu'elle accuse d'être inféodée aux partis indépendantistes, feront le tour du landerneau audiovisuel et gouvernemental. Certains trouveront que RFO en fit trop, et Lucette pas assez. Il faut de tout pour faire un monde. Ce n'est pas le courage qui lui manqua, dans un rôle de ministre sans services ni ligne budgétaire, confrontée à la déferlante anglophone sur la planète où l'usage du français recule inexorablement.

Zoom sur les cabinets ministériels

Il y a des ministres et il y a les entourages. Le rêve de tout énarque, c'est de faire du cabinet. Aussi le taux d'énarchie y est-il particulièrement élevé. Un seul ministre dérogera à cette règle. André Santini (est-ce une coquetterie?) n'en disposera pas d'un seul et préférera conserver auprès de lui le brain-trust qui travaillait avec lui à la mairie d'Issy-les-Moulineaux.

---

1. Voir p. 142 et suiv.

Pourquoi tous ces jeunes gens veulent-ils faire du cabinet? Ce n'est ni par goût du confort matériel et encore moins par souci de mener une existence agréable : les horaires y sont harassants et les commodités plutôt rares, l'administration se montrant généralement assez chiche, excepté dans les ministères disposant de moyens importants comme les PTT ou les Armées. Cette administration détient, précisément, avec celle de la Défense, le record de voitures de fonction avec téléphone; mais, surtout les membres du cabinet du ministre disposent d'une enveloppe de timbres de collection à la fin de chaque mois qui équivaut à plusieurs milliers de francs, en sus des primes classiques en argent liquide. Ailleurs, les portions sont beaucoup plus congrues. Le seul atout, en cabinet, mais il est de taille, c'est d'agir par délégation du ministre et d'exercer à ce titre une parcelle de son pouvoir ou à tout le moins de participer à son exercice. Le cabinet est ainsi l'épicentre du pouvoir ministériel et, à ce titre, il attire, comme une lanterne les papillons de nuit, ces jeunes gens et ces jeunes filles dont l'âge tourne autour de trente-cinq ans, Rastignac de la société politico-technocratique qui se retrouve par la vertu de la méritocratie française à commander à des directeurs d'administration centrale ou à des préfets blanchis sous le harnais et ayant largement dépassé la cinquantaine qui leur donnent du « monsieur le conseiller » et défèrent sans piper mot à leurs convocations quelquefois intempestives.

C'est le cabinet du ministre qui supervise les projets de lois et les décrets élaborés par les services. Ceux-ci sont devenus si complexes qu'il faut avoir le goût de la technicité d'un Philippe Séguin ou d'un Alain Madelin pour que le ministre en prenne connaissance dans le détail. Il n'est pas rare, en effet, qu'un membre du gouvernement défende un amendement sur une question dont il n'a entendu parler que quelques minutes avant d'entrer en séance. La complexité des lois et des décrets, leur technicité – qui se traduit souvent par une rédaction à la limite de la lisibilité – tout cela renforce les pouvoirs des entourages ministériels et leur confère souvent un pouvoir plus important que celui du ministre : ce sont eux qui « prédigèrent » les textes, les moutures et les amendements dont les commissions parlementaires bombardent le gouvernement; ce sont eux qui préparent ces notes très courtes, grâce auxquelles le patron doit se forger une opinion simple sur une question généralement fort complexe; ce sont eux, enfin, qui établissent la liaison avec les services du ministère, tout l'art consistant à ne pas faire écran entre le ministre et « ses » directeurs, en dissuadant néanmoins ces derniers de s'adresser directement à lui.

L'exercice de ce pouvoir est d'autant plus agréable qu'il se pratique dans l'ombre, à l'abri de tout tohu-bohu médiatique ou politicien. Cela explique l'acharnement des énarques à entrer dans les cabinets, souvent au service d'un ministre qu'ils ne connaissent ni d'Ève ni d'Adam et dans un domaine d'activités qui n'est pas forcément la spécialité dans laquelle ils ont déjà exercé leurs compétences. Le prestige de la fonction et la perspective de bénéficier d'une jolie accélération de carrière font le reste. Et pourtant, le passage par un cabinet ne semble plus produire, aujourd'hui, les mêmes effets qu'hier. Dans les années 70, après deux ou trois ans de travail auprès d'un ministre, c'était l'assurance d'obtenir un poste de directeur d'administration centrale ou un pantouflage de haut niveau dans une entreprise publique. En 1988, il en ira différemment. A l'exception du cabinet de Jean-Bernard Raimond dont tous les membres réussirent dès la fin de l'hiver à se trouver un point de chute (le directeur de cabinet chez Marcel Dassault, son adjoint comme ambassadeur auprès des Nations-

Unies à Genève, un autre conseiller technique agrégé, en profita pour se faire intégrer dans le corps des ministres plénipotentiaires et ainsi de suite), rares auront été les recasages dans la haute administration. Est-ce l'issue incertaine de l'élection présidentielle, ou plutôt la courte durée de la cohabitation (deux années, c'est court si l'on veut se mitonner un point de chute honorable) qui empêcha la plupart de partir à quelques mois du terme? En tout état de cause, on pourra difficilement déceler des traces de népotisme dans le comportement des ministres de la cohabitation. Dès le 10 mai 1988, pour l'écrasante majorité de leurs collaborateurs, ce sera le retour au bercail pour les membres des grands corps et, pour d'autres, l'aventure du privé, avec en arrière-plan les conséquences normales d'un anonymat de bon aloi troublé, par les vrais amis qui, eux, continuent à appeler au téléphone et à s'enquérir de votre sort. La roue de la fortune énarchique ne s'arrête pas toujours sur la case « pouvoir ». De fait, elle tourne en permanence.

Les candidats au jeu sont plutôt jeunes. Entre 1986 et 1988, l'âge moyen, dans les entourages des ministres, tournera autour de 35 ans. Les énarques, on l'aura deviné, dominent par leur nombre. Jacques Chirac fixera d'emblée des règles très strictes pour limiter le nombre des conseilleurs techniques par cabinet. Quatre au maximum, auxquels s'ajoutent le directeur, éventuellement un adjoint pour les ministères importants et le chef de cabinet. Pour Balladur, Léotard, Pasqua, Séguin et Méhaignerie, quelques entorses seront tolérées. Ils auront droit à un ou deux conseillers supplémentaires. Quant aux secrétaires d'État, ils se contenteront d'un seul conseiller technique coiffé par un directeur de cabinet. Rien n'empêche, bien entendu, un ministre de se doter d'une myriade de conseillers officieux mais il ne pourra les rémunérer qu'en usant de procédés plus ou moins acrobatiques qui consistent généralement à obtenir une mise à disposition des intéressés par un tiers. C'est ainsi qu'on trouve dans des cabinets des conseillers rémunérés par des entreprises privées ou publiques appartenant au secteur dont le ministre a la charge. Ces situations plutôt malsaines tiennent au fait que les postes en cabinet ne sont pas des emplois budgétaires. La rue de Rivoli s'étant toujours refusée, à tort, à admettre la création de tels emplois. Les administrations centrales sont à l'évidence trop heureuses d'y détacher leurs cadres. Le ministre, dès le départ, devient ainsi partiellement l'otage de ses services. Les traditions transcendent les alternances politiques. L'inspection des Finances exige des places au cabinet du ministre des Finances. La direction du Budget place ses meilleurs sous-directeurs au cabinet du ministre du Budget. Le corps des Mines, même s'il est en recul, fournit au Premier ministre son conseiller industriel. L'absence d'un représentant des ingénieurs des Télécom au cabinet de Jacques Chirac fera tiquer la direction générale des Télécommunications qui réussira au bout de quelques mois à y pousser l'un de ses jeunes et brillants ingénieurs.

Il existe, de surcroît, mais en nombre infinitésimal, des contrats « cabinet » qui permettent aux ministres de recruter réellement un ou deux conseillers : c'est mince. Quant à l'enveloppe des primes provenant des fonds spéciaux [1], elle est calculée en fonction du nombre des collaborateurs officiels du ministre. Si ce dernier veut rémunérer en primes ses « officieux », il se voit contraint soit de baisser la rémunération des conseillers en titre, soit de prendre sur sa cassette personnelle. La limitation du nombre des

1. Voir p. 126 et suiv.

membres des cabinets comporte donc des effets non négligeables sur l'organisation des équipes qui travaillent autour des ministres du gouvernement. Le but recherché, qui est d'empêcher que se créent des administrations-bis, engendre des effets pervers lorsque les services en arrivent à verrouiller, grâce à leurs « correspondants », les initiatives ministérielles. Il y a comme cela de nombreux ministres cernés par l'énarchie, ses hommes, ses méthodes et ses réflexes.

Les rapports entre les cabinets et le conseiller technique sectoriel de Matignon sont théoriquement parallèles à ceux qu'entretient le ministre dudit secteur avec le chef du gouvernement lui-même. Ce système à deux étages – arbitrage au niveau du cabinet, puis du Premier ministre si un désaccord persiste sur un dossier particulièrement important – dépend de nombreux paramètres : la marge d'action plus ou moins grande dont dispose le conseiller de Matignon par rapport au « Premier », l'intérêt de ce dernier pour le secteur en question (moins le secteur l'intéresse et plus le conseiller a le champ libre!) l'aura personnelle du conseiller, et notamment sa capacité à faire plier les Finances au cours des réunions interministérielles lorsqu'il s'agit de dépenser des fonds publics. Matignon sera d'autant plus sollicité que le ministère dépensier saura qu'il dispose, grâce au conseiller du Premier ministre, d'une chance d'obtenir quelques crédits supplémentaires par rapport à son enveloppe initiale. L'affaire se règle en général dans le bureau du conseiller sectoriel concerné ou dans les salles de réunions interministérielles de la rue de Varenne et de la rue Vaneau, au cours de longues séances qui tournent fréquemment à la foire d'empoigne entre les représentants de la rue de Rivoli et leurs camarades des autres ministères.

Le hasard – et la nécessité, parfois – président le plus

souvent au choix de ses collaborateurs par un ministre. Pourtant, il existe un tropisme qui se traduit par une grande similitude de comportement voire d'aspect extérieur entre le ministre et son cabinet. Cela peut aller jusqu'à la tenue vestimentaire. Les conseillers de Balladur portent beaucoup la chemise anglaise rayée et chaussent des Weston. Auprès de François Léotard, on cultive volontiers une allure plus romantique et décontractée qui pourra aller, dans l'entourage de Madelin, jusqu'à l'absence de cravate, lorsqu'il fait particulièrement chaud, les week-ends d'été, dans les palais de la République où l'on ignore en général l'air conditionné. Au ministère de la Défense, prévaudra le style « doigt sur la couture du pantalon ». Alain Juppé s'entourera d'une pléiade d'esprits déliés et brillants comme lui, tous membres de grands corps de l'État parmi lesquels Anne Chopinet, du corps des Mines, la première femme à être sortie major de l'école polytechnique. Chez Charles Pasqua, le clan corse forme une sorte de garde prétorienne qu'on distingue par des cravates bariolées et des chemises à larges rayures dans un cabinet archiclassique – costume trois pièces de rigueur – dirigé par le préfet Jacques Corbon. Pandraud appellera auprès de lui le carré des fidèles policiers qu'il côtoyait du temps où il était directeur de la Police nationale. Au Quai d'Orsay, l'ambiance demeure des plus feutrées autour du beau bureau du rez-de-chaussée dans lequel le ministre travaille, consulte et reçoit. Dans l'équipe de Raimond, ceux qui n'appartiennent pas à la carrière font figure de transfuges. Dans une ambiance assez club, au plus fort des crises qui secouèrent le processus de libération des otages, l'équipe très BCBG de Jean-Bernard Raimond pèsera d'un certain poids et fera de son mieux face aux hommes de terrain aguerris et rompus aux missions secrètes dont Pasqua a su s'entourer. Les cravates bariolées auront toutefois raison des élégances anglaises dans les méandres de la jungle libanaise ou iranienne.

Entre tout ce petit monde qui défend « son ministre » bec et ongles au cours des réunions interministérielles, les choses se passent plutôt bien. Les ministres auront la sagesse de ne pas contourner la limitation des effectifs de leurs collaborateurs en se dotant d'équipes pléthoriques où conseillers officiels et gratte-discours officieux se gênent les uns les autres et se neutralisent, brouillant un peu plus de ce jeu de l'oie à la règle incertaine qu'emprunte le cheminement parfois curieux des décisions dans l'administration. Certes, on verra arriver, à certaines réunions à Matignon, cinq personnes là où deux auraient amplement suffi. Lorsqu'une délégation est trop nombreuse, c'est en général mauvais signe pour elle : elle est en situation de faiblesse et cherche à compenser par le nombre de ses participants la minceur des arguments dont elle dispose pour défendre son dossier. Dans l'ensemble, ce mélange d'énarchie et de mafia polytechnicienne où surnagent tant bien que mal – reconnaissons qu'il y faut beaucoup d'opiniâtreté – ceux qui ne sont passés ni par l'X ni par l'ENA, ne sera pas secoué de crises retentissantes, même si certains directeurs de cabinet découvriront un peu tard qu'ils n'ont pas véritablement d'atomes crochus avec leur ministre et que la réciproque est vraie. Deux ou trois attelages tiendront ainsi, cahin-caha, en attendant le 24 avril 1988.

Dans un cabinet, c'est le directeur qui détient, en fait, le rôle le plus ingrat. Il doit être présent physiquement dans son bureau et répondre sur l'interministériel lorsque le ministre, absent, est appelé. Or un ministre, par définition, cela bouge et sort beaucoup. Lorsqu'il y a de mauvaises nouvelles à annoncer, c'est le directeur de cabinet qui s'en charge pour le compte du patron. Daniel Bouton, directeur du cabinet d'Alain Juppé, informera ainsi Bernard Gaudillière et Jean-Paul Olivier, respectivement directeur des Douanes et directeur des Impôts, de leur remplacement; c'est Michel Boyon, chez François Léotard, qui apprendra à François Schoeller, le président de Télédiffusion de France, que le gouvernement a décidé de mettre fin à ses fonctions, en raison du contentieux qui l'avait opposé à la mairie de Paris dans l'affaire des émetteurs de la tour Eiffel à la fin de 1985 [1]. Ce genre d'exercice ne vous procure pas que des amis. Enfin, le nombre de dossiers urgents qu'un directeur de cabinet doit traiter journellement en fait un homme perpétuellement débordé, condamné à être le centre d'aiguillage des affaires sans avoir jamais vraiment le temps de les examiner à fond. Si un bureau reste éclairé après vingt-deux heures et ouvert le dimanche matin, c'est généralement le sien. La pièce où il se tient jouxte toujours le bureau du ministre, ce qui le rend corvéable à merci. Sa tâche la moins redoutable n'est pas de faire attendre un visiteur important qui s'impatiente parce que « monsieur le ministre s'est attardé à son déjeuner » et « reste pris dans les embouteillages » ou bien a été « subitement appelé à Matignon en consultation » (c'est l'explication d'usage lorsque le ministre s'est absenté pour des raisons si particulières que personne, au juste, ne sait où il se trouve). Et pourtant, un directeur de cabinet est censé, par profession, savoir où joindre le ministre en cas d'urgence. Lorsque ce n'est pas le cas, cela fait désordre. Ainsi, Bertrand Saint-Sernin, directeur de cabinet de René Monory, n'imaginait pas que son ministre s'était enfermé dans une pièce voisine pour préparer l'intervention télévisée qui devait entraîner la démission d'Alain Devaquet, au plus fort de la crise

1. Voir p. 157 et suiv.

étudiante de décembre 1986, alors que Matignon cherchait à le joindre sans succès, pour tenter de fixer avec lui le canevas d'un texte dont Jacques Chirac redoutait les effets sur le ministre délégué aux Universités.

Dans des circonstances plus plaisantes, lors du sommet francophone de Québec (septembre 1987), Jean-Paul Bolufer, directeur du cabinet du secrétaire d'État à la Francophonie, connut deux heures d'angoisse, après avoir perdu la trace de Lucette Michaux-Chevry au moment où le Concorde présidentiel s'apprêtait à décoller pour ramener à Paris la délégation française. Un retard du Président de la République permit à « LMC » comme nous l'appelions familièrement, de ne pas rater l'avion. Elle avait profité de ce moment de répit pour aller faire quelques emplettes chez un grand fourreur québécois. Jean-Paul était prêt à descendre de l'avion pour ne pas abandonner une femme seule et sans défense, de surcroît secrétaire d'État à la Francophonie, sur les bords du Saint-Laurent.

Matignon : le navire amiral

Pressentant les difficultés de la cohabitation, Jacques Chirac avait souhaité s'entourer de collaborateurs aguerris. En fait, il va opérer un mélange assez subtil de conseillers fidèles qu'il connaît depuis vingt ans et de jeunes experts issus des viviers des grands corps et de la haute administration. Le cabinet comportera donc des sages et des yearlings.

Au premier rang des sages, il faut citer Jacques Foccart qui acceptera sans barguigner de replonger dans les affaires africaines qu'il n'a jamais vraiment quittées. Quand il arrive à Matignon, quelques jours après l'alternance, conformément à ce qui a été entendu avec Jacques Chirac, la plupart des chefs d'État africains qu'il a pratiqués et connus du temps de De Gaulle puis de Pompidou ont cédé la place à de jeunes capitaines beaucoup moins tournés vers la France que leurs prédécesseurs et dont les références gaulliennes s'estompent à tire-d'aile dans une Afrique de plus en plus concernée par l'antagonisme entre les États-Unis et l'URSS. Foccart renouera un à un des fils parfois coupés, ou à tout le moins distendus, et réussira à s'attirer la confiance des dirigeants de la génération actuelle. Il va s'employer à reconstruire, en quelques mois, ce qu'on appelle, à l'extérieur, ces fameux « réseaux Foccart » qui ont donné lieu à des gloses infinies avant de rentrer dans la légende. Que recouvre, au juste, cette expression? Probablement un mélange de complicités gaullistes, issues de la Résistance, mais perpétuellement ressourcées dans des relations d'affaires, et de contacts politiques de haut niveau qui, très concrètement, se traduisent par la possibilité qu'a Jacques Foccart de joindre à n'importe quelle heure du jour (ou de la nuit) un chef d'État africain ou ses ministres les plus importants. Ce dispositif qu'il tient perpétuellement en lui permet de disposer d'informations de première main sur l'état réel des rapports de force sociaux et politiques dans n'importe quelle capitale africaine et de prévoir qu'un chef d'État peut être renversé. Lors du Sommet francophone de Québec, à la fin de l'été 1987, Chirac et Foccart profitent de ce que les délégations officielles sont toutes logées à des étages différents du Château Frontenac pour rencontrer les chefs d'État africains présents. Les deux hommes avertissent le colonel Jean-Baptiste Bagaza (Burundi) sur les dangers qu'il court à continuer de bafouer comme il le fait les droits de l'homme et à opprimer sa population. « Attention à vous, précise Foccart, vous êtes trop dur, cela risque de casser un jour ou l'autre. » Coïncidence incroyable, sur laquelle plus d'un commentateur aurait pu broder si la conversation entre les trois hommes avait eu un écho à l'extérieur, le soir même du 3 septembre 1987, une dépêche AFP apprenait aux chefs d'État et de gouvernement présents à Québec que Bagaza avait été destitué par son rival qui avait profité de l'escapade québécoise de son chef pour prendre le pouvoir.

Jacques Chirac et Jacques Foccart sont liés par une amitié sincère et ancienne. Leurs rapports font penser à ceux d'un vieux sage africain et d'un jeune guerrier qu'il initie à la chasse et auquel il prodigue des conseils pour ajuster les tirs de sa sagaie ou exécuter les tatouages rituels qui permettent de fixer la proie. Jacques Chirac invite souvent Jacques Foccart à prendre un verre de punch dans son bureau pour lui parler de sujets qui dépassent de très loin les problèmes africains et sonder un homme dont l'expérience du pouvoir remonte à plus de quarante ans. Cette relation profonde s'appuie sur une vieille complicité élyséenne. De surcroît, Denise Esnous, la secrétaire particulière de Jacques Chirac, a commencé par exercer les mêmes fonctions auprès de Jacques Foccart avant que Georges Pompidou ne l'appelle à son tour à ses côtés. Les liens sont donc très directs, et la confiance totale. Foccart-l'Africain sait mieux que personne qu'on ne gagne la confiance des dirigeants du continent noir qu'en se rendant sur place dans leurs villes et au bord de leurs fleuves. A l'ombre de leurs palmeraies et de leurs baobabs, il faut savoir prendre le temps d'écouter et de parler. Aussi, il s'organise périodiquement des tournées d'une dizaine de jours, à bord d'un Mystère 50 du GLAM, pour informer Chirac du dernier état des questions africaines qui sont par définition, toujours pendantes, complexes et aussi imprévisibles que les ondées tropicales.

Ces périples ne sont pas sans risque. Une nuit, à la fin de l'année 1987, alors qu'il volait à vingt mille pieds au-dessus de la Zambie, son avion sera menacé d'interception, voire d'un tir de DCA par les forces zambiennes qui n'ont pas, semble-t-il, reçu au préalable communication du plan de vol du conseiller du Premier ministre. Ulrich, réveillé chez lui à trois heures du matin par l'état-major de l'armée de l'air, ordonne au Mystère 50 de rebrousser chemin. Foccart dort sur sa couchette. Il ne se doute de rien. Le général d'aviation Norlain, chef du cabinet militaire du Premier ministre, qui a organisé le périple et a pris place aux commandes du jet, a préféré le laisser dormir. Il apprendra au petit matin que l'appareil a dû changer de route pour éviter d'être abattu par la Zambie! Il y a du parachutiste intrépide chez ce vieil homme au regard doux et au ton de voix posé. Souvent, il va passer quelques heures avec son seul vrai complice en Afrique qui est presque son homologue, Houphouët-Boigny, pour partager à Yamassoukro un repas devenu un véritable rituel : deux sortes de mets sont servis, des plats français pour Houphouët, fin gourmet, dont le chef, français, cuisine remarquablement et des préparations africaines pour Foccart qui raffole notamment des spécialités sahéliennes. Cet échange culinaire vaut bien des symboles.

En fait, Jacques Foccart adore voyager. Il dort peu, mange encore moins et peut accomplir sans trahir la moindre fatigue l'effarante tournée électorale outre-mer de Jacques Chirac, au début du mois d'avril 1988 : 25 000 km en quatre jours, de la Réunion à la Martinique et à la Guadeloupe avec une courte escale en Afrique. Il faut l'avoir vu, en survêtement, frais et dispos lors d'une escale à

Djibouti, vers minuit, descendre d'un DC 8 du GLAM (où tout le monde, Premier ministre en tête, dort à poings fermés) aller saluer le Président de la République Abdallah, son complice à la pêche au gros, pour comprendre que ce vieux sage est resté un esprit jeune. De même, il réussit à faire bonne figure au cours d'une soirée passée dans une boîte de nuit – ambiance laser et disco – d'une capitale africaine où se retrouvent les collaborateurs de Jacques Chirac dont l'avion est en panne ce qui oblige le GLAM à expédier dare-dare un nouvel appareil pour ramener le Premier ministre à Paris. Une autre fois, il attaque avec appétit, lui qui mange d'ordinaire si peu, une boîte de cassoulet servie sur une table pliante dressée à bord d'un Transall qui emmène Chirac à Saint-Pierre-et-Miquelon sous l'œil ahuri du commandant de bord qui n'avait probablement jamais imaginé qu'il se transformerait, un jour, en cantinière volante.

Autre conseiller ancien, Denis Baudouin possède la stature imposante de Porthos. Cet homme, centriste de convictions et chiraquien de cœur, a été le chef du service de presse de Georges Pompidou à l'Élysée, où il avait été introduit par Jacques Duhamel. Nommé par Giscard à la présidence de la SOFIRAD, il rejoindra l'équipe municipale de Jacques Chirac à l'Hôtel de Ville quelques mois après l'élection de celui-ci en 1977. C'est Balladur qui suggérera à Jacques Chirac de le prendre comme porte-parole à Matignon. Denis Baudouin fin lettré, fin gourmet, il est membre du club des Cent, entretient des relations étroites et presque complices avec un réseau où figure tout ce qui compte en matière de journalisme politique. Ceci lui permet de rattraper certains coups lorsqu'ils partent trop vite à son gré, ou mal, ce qui arrive en permanence à Matignon. Il dira donc la parole du Premier ministre tous les jeudis matin, au cours de points de presse qui resteront très courus. Le rôle de porte-parole du Premier ministre est l'un des moins évidents qui soit. Il rend jaloux les autres ministres qui ne pardonnent pas le moindre faux pas à cet homme, de surcroît centriste dans l'âme – il fait partie des anti-gaullistes qui rallieront Pompidou en 1969 – qui leur ravit souvent la vedette, ses commentaires de la situation politique étant abondamment repris par les éditorialistes qui en font leur miel.

Le préfet Jacques Pélissier est également du nombre des « conseillers auprès du Premier ministre ». Il a été le directeur de cabinet de Chirac lorsque celui-ci avait été nommé à Matignon en 1974. Ancien ingénieur agronome, les hasards de carrière l'ont fait accueillir à Alger en 1957 – il était à l'époque directeur des forêts et de l'agriculture d'Algérie – un jeune et fringant stagiaire frais émoulu de l'ENA qui s'appelait Jacques Chirac. Depuis lors, les carrières des deux hommes se croiseront souvent. Pélissier entrera au service de son ex-protégé. A Matignon, il aura la tâche essentielle de superviser la gestion du corps préfectoral et d'organiser les déplacements du Premier ministre en province, ce qui n'est jamais une mince affaire, surtout lorsqu'ils se doublent d'une campagne présidentielle qui représentera 45 000 km de distance parcourue.

Le poste clé du dispositif matignonien, celui de directeur du cabinet du Premier ministre, est tenu par Maurice Ulrich. Rarement, l'affabilité et la maîtrise de soi auront été réunies dans une fonction qui pousse naturellement son titulaire à l'énervement et au surmenage transformant en êtres irascibles les caractères les plus équilibrés car le « directeur » comme on l'appelle à Matignon n'est jamais tranquille; il n'a jamais l'esprit libre; il est de loin celui d'entre nous qui est le plus assailli de coups de fil sur l'interministériel; il est le premier informé lorsqu'une catastrophe se produit, prise d'otage, accident d'avion ou décès d'une personnalité; il est celui qu'on appelle, en cas de pépin, à trois heures du matin lorsqu'un amendement surprise, déposé devant un hémicycle aux trois quarts vide risque de dénaturer complètement la loi sur les privatisations; il est celui que les ministres viennent voir pour se confier, voire apporter leur démission au Premier ministre comme Albin Chalandon, en décembre 1987, au soir d'une journée éprouvante à l'Assemblée nationale, au cours de laquelle des attaques particulièrement violentes avaient été portées contre lui dans le cadre de l'affaire Chaumet, lors de la discussion du projet de loi sur la construction des prisons privées ou comme Philippe Séguin, au cours d'un week-end du printemps 1987, au moment où les arbitrages financiers sur la sécurité sociale donnèrent lieu à des séances mémorables au cours desquelles il s'opposa aux positions défendues par Édouard Balladur; le « directeur » signe, par délégation du Premier ministre, les autorisations d'écoutes téléphoniques qu'on lui apporte chaque semaine, sagement rangées dans d'épais parapheurs marqués du timbre rouge « Secret Défense »; il sera également l'interlocuteur privilégié et apprécié de Michel Noir (il dira son « officier traitant ») et, d'une certaine manière, le « correspondant » de la « bande à Léo » dans les moments délicats mais surtout celui de Jean-Louis Bianco, secrétaire général de l'Élysée, pour la gestion quotidienne de la cohabitation; il voit tout, sait tout. Homme de cabinet, Maurice Ulrich sait mieux que personne qu'un vrai patron est celui qui délègue, surtout dans le dispositif matignonien où, si l'on n'y prend garde, les dossiers vous submergent à une vitesse sidérale. Il accorde sa confiance à l'équipe des conseillers et pratique l'art de tenir la rêne longue sans pour autant la relâcher complètement. A l'exception de la réunion du mercredi matin – à l'heure du conseil des ministres – et de la séance préparatoire au conseil de la semaine suivante qui se tient chaque vendredi matin dans le bureau du secrétaire général du gouvernement, l'emploi du temps du directeur de cabinet doit rester le plus souple et le plus ouvert possible. Son efficacité réside dans cette disponibilité permanente que Maurice Ulrich proposera à tous ses collaborateurs auxquels il ouvre les portes de son bureau et offre volontiers un café très fort ou le célèbre « punch du Premier ministre » préparé par les maîtres d'hôtel certaines fins d'après-midi. Le « directeur » est, par ses pouvoirs, l'un des personnages les plus puissants de la République. La confiance que Chirac mettra en Ulrich renforcera encore ce poids. Malgré les ennuis qui pleuvent à longueur de journée quand on occupe ces fonctions, cet homme saura garder un humour très britannique appris au Quai d'Orsay où il a passé la plus grande partie de sa carrière administrative. Maurice Ulrich n'a pas beaucoup d'ennemis, ce qui est rare lorsqu'on a exercé ses responsabilités. Il a gardé l'esprit d'un homme de terrain qui est le propre du corps aujourd'hui disparu des agents de la France d'outre-mer. Cette origine lui vaut une certaine complicité avec des condisciples aussi différents que Philippe Mestre ou André Chandernagor. Il sait détendre les atmosphères. Un matin, hilare, il me dit :

« Cette nuit, j'ai failli faire couler à pic un équipage panaméen d'un chalutier en infraction dans les eaux territoriales de nos terres australes! »

J'écarquillai les yeux. L'anecdote vaut la peine d'être contée. La marine nationale, conformément à l'usage, avait demandé l'autorisation du Premier ministre de tirer un coup de sommation contre le navire en infraction. Ulrich avait donné son feu vert. Mais les officiers mariniers avaient dû ajuster leur mire un peu trop bas car ce tir de sommation avait bel et bien percé la coque du bateau dont les occupants furent rapidement récupérés par le dragueur de notre flotte de guerre. Sa fonction ne sera pas sans risques. Pasqua lui adjoindra d'office un garde du corps et une voiture suiveuse au début de l'hiver 1986, lorsque son nom apparaîtra, avec celui de plusieurs ministres et de quelques P-DG importants, sur des listes de cibles potentielles émanant de la mouvance d'Action directe laissées sur le trottoir par les assassins de Georges Besse.

Tous les mercredis à dix heures, le « directeur » préside la seule réunion formelle qui soit l'occasion de rassembler autour d'une table l'ensemble des conseillers et des chargés de mission du cabinet. Ces séances ont lieu dans la salle du conseil de cabinet. Lorsque l'effectif est complet – les membres du cabinet militaire du Premier ministre y assistent également –, la table n'est pas assez grande pour accueillir cette assemblée qui s'amuse et plaisante facilement, surtout lorsque les temps sont difficiles. Les seules places réservées sont celles de Foccart, qui fait face à Ulrich, de Denise Esnous, à la droite de ce dernier et de Jacques Friedmann, à sa gauche, qui assure la liaison avec Édouard Balladur et, à ce titre, assiste à la réunion de cabinet à Matignon. Les autres se placent où ils peuvent, selon qu'ils arrivent à l'avance ou en retard et sans ordre protocolaire particulier.

Au cours de ces réunions, chacun peut prendre la parole comme il veut. Toutefois, l'essentiel du temps se passe à élaborer l'emploi du temps du « Premier ». Il faut avoir assisté à ces séances pour mesurer le poids des responsabilités qui reposent sur les épaules d'un Premier ministre. Son agenda est – grosso modo – bouclé trois, voire quatre semaines à l'avance. De nombreuses obligations sont consubstantielles à la fonction de chef du gouvernement. Cela va des séances à l'Assemblée jusqu'au Forum de l'Expansion en passant par les visites de chefs d'État ou de gouvernement étrangers qu'il est hors de question d'ajourner, voire de différer. S'y ajoutent les réunions organisées à l'initiative du Président de la République, comme le Conseil de Défense ou les séances préparatoires aux sommets européens. Pour Jacques Chirac, il faut y adjoindre les manifestations corréziennes (il se rend au moins une fois et demie par mois dans son département d'élection), la présidence du RPR et la mairie de Paris, sans oublier le désormais traditionnel déjeuner de la majorité du mardi.

L'organisation de son temps tient du jeu de l'oie et du casse-tête chinois. Denise Esnous filtre avec autorité et réussit des miracles. Cela dit, le principal intéressé doit être capable de passer d'une remise de décoration à un comité interministériel sur la sécurité sociale, avant un déjeuner avec les présidents des entreprises nationales, puis de poser en vue d'une photo, l'air frais et dispos, pour un hebdomadaire et enchaîner ensuite sur un discours de motion de censure à l'Assemblée avant d'achever sa journée (officielle) en direct au journal de vingt heures d'Antenne 2. Plus tard dans la soirée, lorsqu'il n'y a pas de dîner diplomatique, Jacques Chirac entame sa journée de travail proprement dite. Tous les soirs, il emporte à l'Hôtel de Ville les notes des conseillers qu'il rend chaque matin, annotées au feutre rouge avec ses consignes et ses directives, ainsi que les dossiers préparatoires aux comités ministériels. Jacques Chirac avale ces papiers avec appétit. Parfois, lorsque la chemise que Maurice Ulrich lui remet paraît trop mince, il en redemande; lorsqu'elle lui paraît en retard, il n'hésite pas à entrer dans le bureau du directeur de cabinet pour réclamer ce qu'il appelle en plaisantant « sa pitance ». Avant tout déplacement à l'étranger, la cellule diplomatique lui fournit un dossier de plusieurs centaines de pages qu'il assimile en quelques heures, au point de donner rapidement l'impression qu'il connaît le pays où il se rend depuis des décennies. Il faut une santé de fer et un équilibre à toute épreuve pour survivre dans cet engrenage où l'action vous dévore.

Bien entendu, dans tout ce qui est prévisible, tout ce qui a été organisé par le menu, soupesé et cadré au millimètre, se glissent les imprévus de tous ordres et les drames qui, hélas, ponctuent notre environnement quotidien : les attentats terroristes, les meurtres de gendarmes, les accidents écologiques, les bombes en Corse, les trains qui déraillent, les amis enfin qui souffrent ou trépassent et que, pour rien au monde, Jacques Chirac ne laisserait tomber. La journée d'un Premier ministre est aussi dense que celle des grands ermites qui s'imposent de prier Dieu du lever du jour au coucher du soleil. Le temps ronge la vie des hommes du pouvoir comme l'aigle le foie de Prométhée.

Les jardins secrets d'un chef de gouvernement, dans ces conditions, tiennent davantage du pot à Bonzaï que de l'ermitage blotti au milieu d'une vaste prairie. Les bains de foule et les contacts avec la population forment souvent l'unique détente de journées-marathon où l'on ne fait que survoler ses contemporains. Ils donnent lieu à cette relation très physique et quasiment animale qui passe par le serrement de la main, l'accolade et l'embrassade que les grands fauves politiques – c'est une caractéristique qu'ils partagent – pratiquent avec volupté, comme s'ils s'y ressourçaient pour forger le lien quasiment tellurique qui les relie à ce peuple inconstant, capricieux mais souverain dont dépend leur étoile. Vers la fin des campagnes électorales, les mains de Jacques Chirac sont si fatiguées d'avoir serré celles des Français qu'elles en deviennent douloureuses et gonflées. Souffrance en silence, disponibilité permanente, interdiction d'exploser ou de se laisser aller puisqu'il y a toujours un journaliste qui rôde : la fonction de leader politique est des plus éprouvantes et des plus solitaires. Des plus usantes, aussi. Même si ceux qui l'ont choisie le savent à l'avance pour avoir eux-mêmes commencé leur carrière à l'ombre d'un grand chef.

Ainsi, Jacques Chirac se fait corseter son existence par nos soins tous les mercredis. La mise au point de son agenda se résume à l'élimination des deux tiers des manifestations ou des interventions proposées, chacun plaidant évidemment pour sa paroisse. Tel congrès de jeunes agriculteurs a un caractère prioritaire, en raison du contexte bruxellois. On ne saurait refuser un rendez-vous à ce grand chef syndical qui s'arrange toujours pour être reçu à l'heure qui convient le mieux pour que la déclaration sur le perron à la sortie soit reprise aux journaux télévisés de vingt heures : il pourrait en prendre ombrage. Cet émir est susceptible d'apporter un gros contrat de missiles, pas question – dans ces conditions – de le renvoyer sur le Quai d'Orsay. Et ainsi de suite. Maurice Ulrich expurge. Denise Esnous allège. Jacques Chirac, in fine, dit oui ou non. Mais sa marge de manœuvre, reconnaissons-le, est bien faible. Ce qui lui est proposé, il ne peut pas le refuser.

La réunion de cabinet du mercredi perdra rapidement son aspect de forum où chacun peut livrer son sentiment pour se réduire exclusivement à la mise au point de l'agenda du « Premier ». Il n'y aura pratiquement jamais de discussion politique, de commentaire de l'actualité, voire de démarche orientée vers la prospective. J'ai parfois regretté cet état de fait, dû essentiellement à la contrainte du temps dont nous disposions. Il est vrai que nous étions là pour servir, pour nous rendre utiles, et non pour nous substituer aux politiques. Il y eut une exception, au moment où fut décidée la diminution du montant du remboursement sur certains médicaments dans le cadre du plan d'assainissement des finances de la sécurité sociale. Nous fûmes plusieurs à nous élever contre cette mesure qui touchait surtout les personnes âgées. La méthode, qui allait se révéler politiquement désastreuse nous paraissait par trop technocratique. Marie-Hélène Bérard, la conseillère sociale de Matignon, qui en avait vigoureusement plaidé la cause eut à subir quelques réflexions acerbes qui se retrouvèrent dans le *Canard enchaîné* la semaine suivante. C'est l'unique fois où une certaine tension se manifestera autour de la grande table de la salle du conseil. J'ai essayé de découvrir l'auteur de la fuite. Je crois l'avoir trouvé. Il récidivera trois ou quatre fois par la suite.

Autour de Maurice Ulrich, le travail du cabinet est organisé entre les chefs de secteur, qui chapeautent chacun trois ou quatre conseillers ou chargés de mission. Les personnalités sont très différentes. Si l'on use de la métaphore picturale, disons qu'Emmanuel Rodocanachi, ancien champion du monde d'escrime, numéro deux à la direction du Budget au ministère des Finances avant de devenir conseiller à Matignon pour les affaires économiques et financières, possède le classicisme et la rigueur élégante d'une toile de Poussin; François Bujon de l'Estang, l'un des rares majors de l'ENA à avoir choisi le Quai d'Orsay, qui venait d'être nommé Ambassadeur au Mexique lorsque Balladur et Giraud recommanderont à Chirac de le prendre comme conseiller diplomatique, ce serait plutôt un tableau de Delacroix, avec son brio, ses pompes et ses ors, son faste et ses couleurs; Marie-Hélène Bérard, dominatrice et passionnée, qui n'hésite pas, lorsque cela lui paraît nécessaire, à forcer la porte du bureau du Premier ministre, habituée du sérail des cabinets – elle fit ses premières armes aux côtés de Simone Veil et de Raymond Barre – rompue au raisonnement budgétaire que lui a inculqué sa maison d'origine, la direction du Budget, entretenant avec Philippe Séguin des rapports sinon heurtés du moins hauts en couleur dont la nature sera révélée aux parlementaires à l'occasion d'une mémorable prise de bec, au sein même de l'hémicycle, où la conseillère avait pris place derrière le ministre, assis au banc du gouvernement, je lui accolerais volontiers un Goya de la fin, lorsque les couleurs, précisément, et les formes se tourmentent en annonçant déjà l'art moderne. Le recteur Durand, devenu la bête noire des journaux après la démission d'Alain Devaquet, véritable croisé de ce qu'il appelle « la reconquête », considère l'Université française comme une terre de mission et possède une voix rocailleuse comme devaient l'avoir les paysans qui peuplent les toiles des frères Le Nain. Alexandre Benmaklouf, conseiller judiciaire, figurerait bien en robe d'hermine dans un portrait en pied de Philippe de Champaigne. Quant à Michel Boutinard-Rouelle, conseiller aux affaires culturelles, il témoigne d'une élégance discrète qui fait penser aux camaïeux de Corot. Son bureau, meublé high tech, offrira au regard une superbe maquette de fontaine par Garouste destinée aux jardins du Palais-Royal, qui subissait les avatars de l'alternance. Gérard Rameix, discret et efficace conseiller budgétaire présente l'harmonie d'un Chardin.

Le chef de cabinet est un personnage clé du dispositif. Michel Roussin sait cultiver ce secret dont l'entoure son passage par les services spéciaux auprès d'Alexandre de Marenches auquel il demeure très lié. Proche de Pasqua et Pandraud, il a conservé de bonnes antennes partout où il a travaillé. Jeune officier de gendarmerie, il s'occupera notamment du dossier Ben Barka auprès du Premier ministre Pierre Messmer avant d'intégrer le corps préfectoral puis le SDECE où l'appelle Marenches. En 1981, il quitte la « piscine » et entre à la Compagnie générale des Eaux avant de rejoindre en 1982 le cabinet du maire de Paris.

A Matignon, le chef de cabinet est taillable et corvéable à merci puisque, comme il le rappelle avec humour, « De minimis non curat praetor ». Les réservations des vols pour les ministres sur le Glam, l'organisation des déplacements du « Premier » à l'étranger c'est lui; de même, il se rend chaque mois à la paierie générale du Trésor afin de retirer l'argent liquide des primes des cabinets du gouvernement et des fonds spéciaux. Lorsque le directeur du cabinet prend quelques vacances volées à son emploi du temps, c'est lui qui le remplace; il sera également destinataire des synthèses quotidiennes des renseignements généraux et des informations particulières, notamment des notes confidentielles de la DST et des renseignements généraux, que le ministère de l'Intérieur souhaite communiquer à l'Hôtel Matignon. Il sait tout et voit tout, ce qui aura souvent le don d'énerver prodigieusement le service de presse du Premier ministre qui gère la curiosité des médias, lesquels sont persuadés que Roussin leur cache certaines choses. Au printemps 1988, quelques mois avant les élections présidentielles, diverses rumeurs feront état de voyages secrets de Roussin au Proche-Orient. Les uns l'ont aperçu à Larnaka, d'autres à Damas. Baudouin, harcelé par la presse, n'est pas au courant. Excédé, il monte voir le directeur de cabinet. Ulrich lui assure que Roussin n'a pas quitté son bureau depuis des semaines. La réalité est plus simple : la France a livré un Airbus à la Jordanie et dans le voyage des personnalités qui voyagent à bord de l'appareil, figurent Michel Roussin et Jean Picq, conseiller pour les affaires de défense. Les journalistes sont persuadés qu'il s'agit là d'une couverture et que ce périple en cache un autre. Relancer des démentis ne servirait à rien. Ces rumeurs concernant les escapades de Roussin au Proche-Orient dureront jusqu'au premier tour de l'élection présidentielle. Souvent des journalistes et des correspondants extérieurs chercheront à l'avoir au téléphone simplement pour s'assurer qu'il travaille dans son bureau et qu'il n'a pas quitté Paris, investi d'une mission secrète par Chirac!

Lorsqu'on ne l'a pas exercé, on a une conception très déformée de la réalité du pouvoir. L'idée selon laquelle la gestion de l'État se résume à un immense tableau de bord sur lequel pianoteraient le Président de la République et le Premier ministre, entourés des autres membres de l'équipe gouvernementale, avec l'aide de grands commis demeurant dans l'ombre tout en « tirant les ficelles », ne correspond guère à la réalité d'une nation complexe et développée comme la nôtre où la société civile est de plus en plus autonome et séparée de l'État. L'exercice du pouvoir est plus banal qu'on ne le croit. Il repose sur des procédures mais surtout sur des individus. L'opacité entretenue autour du pouvoir contribue à créditer davantage de pouvoirs qu'ils n'en ont réellement des hommes et des femmes qui, de ce fait, s'en accommodent.

Aussi, le pouvoir engendre-t-il des rumeurs de tous ordres. Pourtant, à Matignon, la salle de presse débouche sur le hall d'entrée par lequel on accède au bureau du Premier ministre. Le permanencier de l'AFP peut donc savoir à tout moment qui est là, qui est absent, et quels sont les visiteurs du chef du gouvernement et du directeur de cabinet. Mais cette transparence qui résulte de la configuration des lieux n'empêche pas les légendes de se construire. Les journalistes, pour une large part, demeurent persuadés que les hommes politiques leur cachent l'essentiel et ils les traitent avec une présomption de dissimulation des faits qui se traduit généralement par des explications beaucoup plus machiavéliques que la réalité elle-même.

La personnalité de Michel Roussin et sa familiarité avec les dossiers des services spéciaux attireront périodiquement sur lui les projecteurs de l'actualité. Il fait déjà partie de la lignée des Foccart, Marenches et autres Grossouvre, tous plus riches les uns que les autres des coups qu'on leur prête. Il est vrai qu'en l'occurrence, on ne prête qu'aux riches...

CHAPITRE III

La mécanique du pouvoir

Les deux cercles du pouvoir : la technocratie et le politique

Mardi 4 août 1987 – onze heures quinze, Édouard Balladur bâille. Jacques Chirac signe parapheurs sur parapheurs. Alain Madelin parle. François Léotard, mine plutôt maussade, entre sur la pointe des pieds dans la salle du conseil où se déroule le troisième comité interministériel sur les satellites de diffusion directe TDF1 et TDF2.

Alain Madelin avec détermination et punch, tel un boxeur, planche devant le Premier ministre. Le ministre de l'Industrie plaide à nouveau vigoureusement pour la poursuite du programme auquel ses deux amis titulaires des PTT et de la Culture et Communication sont plutôt hostiles, Gérard Longuet parce qu'il soutient le point de vue de France Télécom (tel est le nom, désormais, de la direction générale des télécommunications) et François Léotard parce que le conseiller technique de son cabinet qui suit le dossier est un ingénieur de la DGT. Nous sommes bien en France, patrie du colbertisme, sinon comment expliquer qu'un arbitrage sur un dossier aussi technique remonte à Matignon? Lorsqu'une entreprise de câbles décide de se lancer dans la fibre optique ou le vidéotex, heureusement pour elle, elle n'a pas à solliciter l'autorisation du Premier ministre. A moins qu'elle ne soit une entreprise publique et qu'elle manque d'argent pour se lancer dans ladite filière. Auquel cas elle se retourne, comme toute entreprise, vers ses actionnaires, et donc vers l'État. En l'occurrence, l'entreprise publique se prénomme Télédiffusion de France et, à l'époque, ne disposait pas des fonds suffisants pour payer la construction du satellite TDF2, jumeau de TDF1, destiné à accroître la capacité de diffusion du système et, surtout, à le sécuriser au cas où le premier satellite tomberait en panne. France Télécom, qui dégage chaque année plusieurs milliards de francs d'excédents provenant de l'exploitation du téléphone, a développé de son côté, sans être obligée de se retourner vers l'État, des satellites de télécommunications capables également de diffuser des images de télévision, même si les antennes de réception sont un peu plus larges que celles destinées à recevoir les signaux des satellites à forte puissance du type TDF1-TDF2.

En réalité, c'est en juillet 1986 que Jacques Chirac a décidé, contre l'avis de la plupart des ministres concernés, de poursuivre ce programme technologique lancé par Valéry Giscard d'Estaing en 1979 dans lequel l'État a déjà investi près de trois milliards. En suggérant au Premier ministre de confier à Claude Contamine mission de réunir des financements privés pour payer le second satellite, je savais que c'était l'unique moyen de gagner du temps et de rendre irréversible la construction de TDF2 qui venait à peine de commencer. En février 1988, celui-ci était d'ailleurs complètement achevé et l'avenir du programme préservé. En décidant d'explorer la voie du financement privé pour le second satellite, le gouvernement prenait implicitement la décision de continuer à développer cette filière technologique pourtant si décriée par certains. La décision de poursuivre le programme TDF1-TDF2 tombait sous le sens : l'arrêt pur et simple aurait été un gigantesque gaspillage de fonds publics puisque l'ensemble du programme était en voie d'achèvement.

Mais l'action gouvernementale est ainsi faite de décisions « en plein » mais aussi de décisions « en creux ». Et il faut parfois savoir se cantonner à l'implicite lorsque l'explicite se heurte à trop d'obstacles irréductibles et que le temps vous est compté pour les surmonter. Les opposants à TDF1-TDF2 étaient alors trop nombreux pour que nous puissions procéder autrement.

Les avatars du satellite de diffusion directe témoignent parfaitement de l'existence des deux cercles du pouvoir : la technocratie et le politique. Le premier, qui s'accroît régulièrement au fil des années depuis la création de l'ENA en 1945 par le général de Gaulle et Michel Debré, est stable et quasiment imperméable aux changements électoraux. Le second, s'il n'a pas prise sur le premier, perd peu à peu tout contrôle de la situation.

Citadelles imprenables hors du sérail, les directions du Trésor et du Budget demeurent égales à elles-mêmes, alors que les ministres des Finances ne font que passer. Il en va de même pour la direction des Télécommunications et le ministre des PTT. Le second, par définition, est le seul à bénéficier de la légitimité du suffrage universel. Par contre, il est éphémère et ne dispose que de quelques semaines pour avoir prise sur le premier. Dans l'affaire du satellite de diffusion directe, le ministre des Finances, quelle que soit son appartenance politique, demeure opposé à un programme aussi coûteux pour les finances publiques. Il y est d'ailleurs fortement invité par la direction du Budget qui, depuis 1979, n'a jamais cessé de nourrir envers TDF1-TDF2 une opposition quasiment viscérale d'où la passion n'est probablement pas absente. De même, le ministre des PTT, sous l'amicale pression de la DGT, est plutôt enclin à la méfiance vis-à-vis des satellites à forte puissance dont le système TDF1-TDF2 fait partie. Bref, les ingrédients de la joute technocratique se trouvaient réunis dans des conditions idéales.

Le pouvoir politique ne s'exerce réellement que si celui qui en est investi se rend capable de déjouer le pouvoir technocratique ou, mieux encore mais fort rare, de le mettre à son service pour son propre usage. Le pouvoir, dans la France d'aujourd'hui, reste ainsi partagé entre ces deux cercles aux finalités contradictoires et aux aspirations divergentes, comme si la République laïque et démocratique se trouvait gouvernée désormais par le principe chinois du yin et du yang.

Au fil des années, on assiste à une imbrication de plus en plus étroite entre les deux cercles du pouvoir. En 1981, l'arrivée de la gauche avait paru sonner le glas de l'omniprésence de l'énarchie. Depuis, force est de constater qu'elle a opéré une entrée en force et que nul ministre ne s'aventurerait à choisir comme directeur de cabinet un non-énarque. Il sait trop ce qui pourrait lui en coûter en temps perdu à faire le siège de la rue de Rivoli ou en défaites cuisantes lors des séances marathoniennes d'arbitrages à Matignon où chacun peut donner libre cours – puisque « son » ministre n'est pas là – à sa verve technocratique et à sa soif d'emporter la décision.

L'émoussement des angles vifs qui, il y a sept ans, séparaient la conduite par la droite et celle par la gauche des affaires du pays, tient au fait que les leviers de l'État sont tenus par les mêmes énarques et les mêmes ingénieurs des ponts, des télécoms ou des mines. Les grands directeurs, révocables ad nutum par l'autorité politique, s'appuient toujours sur leurs services. Le contraire peut s'avérer catastrophique et il n'y a rien de pire que les hiérarchies parallèles qui stérilisent l'action de l'administration. Les sous-directeurs et les chefs de bureaux, qui forment la trame de la haute administration, obéissent à la logique de leur direction et leur carrière est, en fait, largement indépendante des aléas de la politique. Les ministres passent, les énarques restent. Et lorsque les ministres viennent ou reviennent, on leur prépare les dossiers à défendre sans trop leur laisser le choix. Ou bien, ils avalisent la position de leurs services et ceux-ci leur en sauront gré, ou alors ils les prennent à contre-pied et le ministre peut difficilement se lancer dans une guerre de tranchées contre son administration car la capacité de résistance de celle-ci reste l'une de ses principales forces. De surcroît, l'homme politique qui, d'emblée, arrive à débloquer un dossier sur lequel son prédécesseur s'est usé sans succès, en retirera gloire et considération de la part de son administration. Cette armée tient plus son général que l'inverse.

La grande époque de la reconstruction, du Plan et des Trente Glorieuses où l'État bâtisseur s'était doté de grands féodaux tels Delouvier ou Guillaumat, capables d'en référer directement à l'Élysée et d'en remontrer à un ministre, est bien révolue. L'État a moins d'argent. La société attend de lui plus de modestie mais surtout une réponse précise à des besoins de sécurité et de protection sociale. Et c'est dans cette contradiction entre les demandes de la société et la limitation des moyens que la collectivité accepte de consacrer à la dépense publique que la technocratie, désormais, fait son miel. Elle en a retiré une manière de légitimité proche de celle d'un alchimiste seul capable de transformer le plomb en or. Toute la classe politique, à de rares exceptions près, l'a, jusqu'à présent, suivie sans états d'âme. Il est vrai que chaque élection nouvelle apporte son lot d'énarques qui combinent ainsi la légitimité technique à celle du suffrage universel.

On aurait pu penser que le tropisme exercé par la politique sur les énarques, de plus en plus nombreux, de ce fait, à devenir ministres, prémunirait ces derniers contre le danger pour tout homme politique de se laisser circonvenir par la technocratie, son discours, son intelligence, son efficacité mais également son incapacité à se placer au niveau du citoyen de base et néanmoins électeur. Il n'en est rien. La tentation reste forte pour le ministre-énarque d'en remontrer à ses services peuplés de jeunes camarades et de devenir le centre du cercle technocratique – place qui doit être normalement occupée, si tout se passe bien, par le directeur de cabinet, alors qu'il doit impérativement investir celui du politique. Et un ministre qui ne fait pas de la politique, c'est une étoile morte condamnée à disparaître rapidement de la galaxie étatique dont Matignon et l'Élysée forment le soleil. Quelquefois, l'étoile morte finit, telle une météorite, par tomber dans le désert de l'oubli et du néant. Alors, pour exister, il ne reste plus qu'à réformer. Ainsi, assiste-t-on au spectacle de ministres qui se lancent dans des réformes techniques à faire pleurer de joie les bureaucrates, avec l'aveuglement d'un Don Quichotte fonçant sur ses moulins...

Parce qu'il en connaît déjà les travers et les recoins, Jacques Chirac va faire de Matignon la plaque tournante des deux cercles du pouvoir. Dans l'espace technocratique, les pouvoirs convergent vers la machine très efficace du secrétariat général du gouvernement. Chasse gardée du

Conseil d'État, cette administration qui a su rester légère, assure le secrétariat des comités interministériels et des conseils des ministres. Tous les vendredis matin, dans le bureau du secrétaire général qui occupe un élégant salon du rez-de-chaussée de l'Hôtel Matignon donnant sur le parc, le directeur de cabinet du Premier ministre élabore l'ordre du jour du conseil des ministres avant qu'il soit soumis au Président de la République, lequel, selon la constitution, en reste maître. Chaque lundi, le secrétaire général du gouvernement est reçu à l'Élysée par le Président. C'est là, après déblayage entre Jean-Louis Bianco et Maurice Ulrich qu'on aborde la délicate question des nominations pour les postes pourvus en conseil des ministres. Sous la cohabitation, cet exercice s'avéra parfois assez acrobatique, lorsque des compensations étaient exigées, en termes de carrière, pour ceux que l'Élysée considérait comme injustement traités, ou encore pour les tours extérieurs, encore que le modus vivendi fixé dès le départ entre Maurice Ulrich et Jean-Louis Bianco : un quart des nominations au tour extérieur restant à la disposition de la Présidence de la République, fût, grosso modo, respecté. Le choix des impétrants est préparé par Ulrich et Denoix de Saint-Marc, lorsque, en début de soirée, celui-ci pousse la porte du bureau du directeur de cabinet pour faire un point journalier sur les affaires de l'État.

Le secrétariat général du gouvernement comprend des chargés de mission sectoriels qui assistent le cabinet du Premier ministre pour la tenue des quatre ou cinq réunions interministérielles quotidiennes organisées à Matignon sur les sujets les plus divers – cela va de la préparation d'un déplacement en province du Premier ministre jusqu'à la baisse de la TVA sur les disques (août 1987) en passant par l'amélioration du statut du corps des conservateurs. Tout projet de loi donne lieu à plusieurs réunions préparatoires de ce type. L'important, si l'on veut être efficace, est de ne pas se substituer aux services censés rédiger les textes et préparer les dossiers et n'arbitrer que les points litigieux sur lesquels s'engagent des luttes de chiffonniers entre inspecteurs des Finances et autres conseillers à la Cour des Comptes dont les cravates club et les lunettes en écaille se ressemblent étrangement. A l'issue de chaque réunion, le secrétariat général du gouvernement rédige un compte rendu tiré sur papier bleu. Le « bleu » est transmis à chaque ministère concerné et vaut engagement du gouvernement. L'action quotidienne de l'État avance ainsi à coups de « bleus » qui se transforment par la suite en lois, en décrets, en arrêtés voire en circulaires. Les « bleus » sont les véritables codes génétiques de la vie gouvernementale. Ils sont transmis d'office au conseiller compétent à l'Élysée qui peut ainsi informer le Président des décisions prises par le gouvernement avant même que le conseil des ministres n'en soit saisi.

Sous le gouvernement de Jacques Chirac, il va régner à Matignon une ambiance qui surprendra plus d'un observateur par sa cordialité. Un « ancien », déjà à Matignon sous Chaban-Delmas, me confiera qu'il avait retrouvé, près de vingt ans plus tard, la même créativité dans l'équipe où Simon Nora et Jacques Delors se côtoyaient. Cette convivialité bon enfant aide à surmonter l'épreuve de l'exercice quotidien du pouvoir. Le prédécesseur de Chirac me paraissait avoir insufflé un esprit plus high-tech mais probablement plus frisquet. Laurent Fabius avait d'ailleurs fait installer des minitels et des micro-ordinateurs sous le lustre de cristal et contre les tapisseries de la majestueuse antichambre du bureau du « Premier ». Jacques Chirac souhaitera rendre aux lieux leur grandeur et fera retendre les murs d'une soierie jaune. De même, Roussin fera restaurer le beau nymphée en caillebotis qui cache un mur du parc et tombait en ruine, rongé qu'il était par l'humidité. Sous Messmer, en revanche, aux dires des survivants de l'époque, effet de son long passage au ministère des Armées, le nombre des gendarmes en tenue d'apparat s'était quelque peu élevé. De même que chaque chef de gouvernement plante un arbre dans le parc, il laisse dans ces lieux d'autres traces de son passage : Fabius fera installer – bonne idée – des balançoires pour ses enfants.

Le calme auquel ce bel hôtel aspire doit être respecté et si j'avais un conseil à donner à tout Premier ministre, c'est d'éviter de le transformer en ruche bourdonnante. Le cabinet, s'il est trop nombreux, perd en efficacité. Il vrombit de l'excitation de ses membres qui passent une partie de leur temps à se prémunir contre l'empiétement de leurs camarades et empêchent, par un activisme quelque peu désordonné, les ministres de faire leur travail en paix.

Matignon est également le point de passage obligé de tous les textes qui paraissent au *Journal officiel*. Tant qu'une loi, un décret ou un arrêté ne sont pas publiés au *J.O.*, ils ne sont pas applicables. Chaque conseiller doit ainsi donner son visa préalablement à la transmission de tout texte à l'imprimerie des *Journaux officiels*. Gare au ministère qui serait tenté, en catimini, de pourvoir les places d'un conseil d'administration sans en avoir préalablement référé à Matignon : son texte restera bloqué jusqu'à ce que son directeur de cabinet appelle celui du Premier ministre. Le pouvoir, c'est surtout – comme dans la vie – avoir le mot de la fin.

L'épicentre du pouvoir : fonds spéciaux, services spéciaux, écoutes

Toute démocratie, fût-elle aussi avancée que possible, garde en son sein certains aspects du pouvoir régalien tel qu'on le concevait sous l'Ancien Régime. C'est ainsi, par exemple, que la Constitution confère au Président de la République, tel le Roi de France, le droit de grâce. Plus généralement, l'exercice du pouvoir confère à son titulaire des moyens d'action insoupçonnés par nos concitoyens. Mis au service d'intérêts partisans ou d'une idéologie totalitaire, ces moyens d'action qui échappent au droit commun pourraient s'avérer d'un maniement redoutable. On pense bien entendu aux moyens de surveillance des particuliers dont dispose le ministre de l'Intérieur, par le biais de services comme les Renseignements généraux ou la direction de la Surveillance du territoire, mais également aux informations fiscales et douanières dont un ministre des Finances pourrait être tenté de se servir. La fiscalité et la police sont deux terrains d'action où il convient d'établir des garde-fous et des contrôles de neutralité d'utilisation. De tout cela, il résulte que tout Premier ministre se trouve en possession de secrets d'État ou de renseignements dont la divulgation inopinée et inopportune pourrait avoir des conséquences extrêmement néfastes pour certains citoyens ou pour notre sécurité.

Le Premier ministre est, tout d'abord, destinataire des informations importantes émanant de l'ensemble des services de renseignements. C'est en général le directeur de cabinet qui centralise les renseignements transmis et les sélectionne pour passer les plus importants au chef du gouvernement. En 1974, Jérôme Monod, alors directeur de cabinet de Jacques Chirac, un protestant rigoureux à l'intelligence lumineuse devenu grand patron d'entreprise, organisait tous les mois une réunion sous sa présidence à laquelle participait ce qu'on pourrait appeler le gratin du renseignement : le directeur général de la Police nationale, le secrétaire général de la Défense nationale, le directeur du SDECE et celui de la DST se retrouvaient ainsi dans le pavillon de musique, une élégante folie du XVIIIe siècle blottie au fond du parc dont les murs – dit-on – sont truffés de micros divers. Sous Raymond Barre, Daniel Doustin et Philippe Mestre continuèrent dans la même voie. De 1986 à 1988, le dossier du renseignement fut partagé entre Maurice Ulrich et Michel Roussin, auquel il incombait de prendre connaissance de la synthèse quotidienne de trois ou quatre pages adressée par le secrétaire général de la Défense nationale au Président de la République et au Premier ministre qui fait état des conflits et des points particulièrement chauds du globe, de la note de la DGSE (appellation du SDECE depuis 1981) qui, la plupart du temps, doublonne celle du SGDN, ainsi que du rapport quotidien sur la situation intérieure émanant de la direction générale de la police, sans oublier les feuillets sans en-tête et non signés transmis par les renseignements généraux qui permettent, dans quelques cas, d'éviter d'apprendre certains événements – je pense notamment à certaines inculpations judiciaires – par des dépêches de l'AFP. Il s'agit des fameuses « notes blanches »; tapées, leur nom l'indique, sur papier sans en-tête et qui contiennent des informations si pointues qu'elles nécessitent l'anonymat de la source dont elles émanent.

De là à imaginer que le pouvoir politique contrôle totalement les activités des services spéciaux il y a un pas qu'il serait hasardeux et naïf de franchir. Lorsque l'Agence France Presse fera état d'un déplacement du dirigeant du service du contre-espionnage de la DGSE au Moyen-Orient, la surprise de Maurice Ulrich sera d'autant plus grande qu'il n'en avait pas été informé. Une autre fois, nous apprenons qu'un individu se prévalant de l'appartenance au cabinet du Premier ministre a obtenu des Télécoms le branchement d'une ligne reliant la radio Tiers Monde, financée par Rifaat el Assad, frère du Président syrien, à un émetteur radio situé dans la proche banlieue. Radio Tiers Monde n'est pas autorisée. Nous faisons couper la ligne et effectuer une enquête. Plusieurs fées attentives se sont manifestement penchées sur le berceau de cette station pour que les services soient aussi diligents à lui faciliter la tâche... Plus cocasse encore – et tout aussi véridique – l'histoire de ce diplomate de haut rang ayant fait croire à sa femme qu'il était envoyé en mission au Liban alors qu'il coulait des jours tranquilles dans un petit hôtel de province en aimable compagnie. Recherché par le Quai d'Orsay, après que sa femme eut téléphoné à l'ambassade de France à Beyrouth pour annoncer l'arrivée de son mari, il dut signaler, penaud, à ses supérieurs qu'il s'était mis de lui-même en mission très spéciale. J'ai rarement vu Jacques Chirac rire autant lorsque le pot aux roses fut découvert après qu'un simili branle-bas de combat fut déclenché pour retrouver la trace de ce fonctionnaire quelque peu cachottier. Moins drôle – et dans la série du médiocre film d'espionnage – l'arraisonnement par un hélicoptère de la DGSE au cours de l'hiver de 1986 d'un bateau croisant au large de l'île de la Réunion, le Southern Raider, soupçonné par nos agents secrets d'être au centre d'un important trafic d'armes. Les soutes renfermaient du poisson. Le général

Imbot fut invité à s'en expliquer. Matignon, pas plus que l'Élysée, ne semblaient avoir été tenus au courant de cette opération. J'ai eu l'occasion de croiser à plusieurs reprises ce petit homme aux cheveux coupés en brosse, ridé et noueux comme un cep de vigne dans l'antichambre du premier étage. Il venait tous les mois rendre compte à Maurice Ulrich des activités de la DGSE dont il assumait la direction depuis l'été de 1985 où il avait remplacé l'amiral Lacoste victime des suites de l'affaire Greenpeace.

Matignon est également le lieu où sont décidées les écoutes téléphoniques d'initiative gouvernementale. Deux autorités sont habilitées à faire poser des écoutes : les juges d'instruction et le Premier ministre. Curieusement, d'ailleurs, le gouvernement ignore le nombre et l'identité des personnes écoutées par décision de justice. Les poses d'écoutes peuvent même, dans certains cas, être confiées à des sociétés privées travaillant sous contrôle judiciaire. Les autres écoutes, motivées par la sécurité du territoire, le banditisme et le terrorisme, sont autorisées par le Premier ministre, pour des périodes de un à trois mois renouvelables. Ces écoutes téléphoniques administratives doivent, bien entendu, être strictement cantonnées à des opérations de police et en aucun cas servir à espionner tel individu ou à savoir ce qui se dit dans un siège de parti politique comme à Watergate. Plus on détient de pouvoir et moins il faut en abuser. L'usage à des fins autres que celles prévues par les textes des prérogatives du pouvoir d'État est à l'opposé des conceptions que Jacques Chirac se fait de la vie politique. Plusieurs fois, j'ai vu le Premier ministre balayer d'un coup de main les arguments de tel membre de son entourage qui se félicitait de l'étalage médiatique auquel donnèrent lieu les « affaires » du carrefour du développement et de la société Luchaire. Dans les deux cas, les fuites qui les déclenchèrent ne partirent pas de Matignon.

Tous les 25 de chaque mois, on peut assister à un étrange ballet dans la belle antichambre du premier étage sur laquelle donnent à la fois le bureau du Premier ministre, celui du directeur de cabinet et le secrétariat particulier. Les chefs de cabinet des ministres, assis en rang d'oignon sur les banquettes tendues de soie damassée attendent d'être reçus par Michel Roussin afin qu'il remette à chacun d'entre eux l'enveloppe mensuelle d'argent liquide destinée aux dépenses personnelles des ministres et aux primes des membres de leur cabinet. Contrairement à ce qu'on pourrait imaginer, les sommes concernées ne sont pas colossales, eu égard à la notoriété et au prestige des bénéficiaires. C'est Jacques Chirac lui-même, en début de législature, qui en avait fixé le montant : de 80 000 à 150 000 F, selon le rang des intéressés, ministre d'État, ministre, ministre délégué ou secrétaire d'État. C'est dire que les ministres doivent contrôler de près leurs dépenses s'ils veulent disposer des moyens leur permettant, par exemple, de louer un jet privé pour leurs déplacements en province lorsque leur contingent de rotations du Glam est épuisé. Chaque ministère dispose de « fonds à la disposition du ministre » mais leur utilisation est soumise aux règles très strictes de la comptabilité publique. Les fonds de Matignon, par leur souplesse d'utilisation et leur liquidité, constituent la poire pour la soif. Ce qui ne va pas à la cassette du ministre est partagé entre les membres de cabinet à raison d'environ 5 000 F par mois pour un conseiller d'un ministre important. A Matignon, le barème, instauré par Maurice Ulrich, s'élevait à 4 000 F pour un chargé de mission et à 5 500 F pour un conseiller, à quoi s'ajoutait une prime mensuelle de 500 F versée par le secrétariat général du gouvernement. Le pouvoir d'État n'est guère gratifiant sur le plan financier. Si l'on veut faire fortune rapidement, il vaut mieux devenir patron d'une entreprise de confection du Sentier plutôt que rentrer à l'ENA pour devenir conseiller du Premier ministre.

Les fonds spéciaux ainsi versés aux ministres le sont également à l'Élysée. Le Président de la République dispose d'une dotation votée par le Parlement, mise à sa disposition mensuellement par le cabinet du Premier ministre. En 1986, la présidence s'était fait verser en début d'année les six douzièmes de la somme annuelle. Cet argent, qu'on peut assimiler à celui des listes civiles, n'est qu'une faible partie des crédits spéciaux dont l'État dispose au titre II de la loi de Finances sous l'appellation de « moyens des pouvoirs publics ». Ces sommes ne sont pas soumises aux mêmes règles de contrôle que celles figurant dans les budgets normaux des ministères. On y trouve aussi bien les crédits des Assemblées parlementaires que ceux du Conseil constitutionnel, de la Présidence de la République ou du Conseil économique et social. L'enveloppe, qui fait toujours l'objet d'un consensus parlementaire comprend aussi les crédits de la DGSE.

Lorsque le gouvernement doit faire face à des dépenses non prévues au budget et qu'il souhaite garder confidentielles, il utilise la procédure dite des « décrets de dépenses accidentelles ». Ces décrets, non publiés au *Journal officiel*, sont préparés par le secrétariat général du Gouvernement. En principe, seuls le Président de la République, le Premier ministre et le ministre des Finances connaissent l'existence de ces décrets et, surtout, leur objet [1]. Cette confidentialité,

1. Dans l'épisode Greenpeace, le Premier ministre de l'époque avait signé le décret d'engagement des dépenses accidentelles destiné à couvrir les dépenses de l'opération, mais sans en connaître le véritable objet.

absolument nécessaire lorsque sont en cause la sécurité du territoire, voire de certaines personnes, est assez illusoire dès lors que le décret chemine à l'intérieur des services pour aboutir au déblocage des fonds par le Payeur général du Trésor. Par parenthèse, ce personnage peu connu, généralement issu des plus hautes sphères de l'administration des Finances, est probablement le fonctionnaire qui en connaît le plus en matière de secrets d'État dans notre pays... Toute action se traduisant par une mise de fonds se termine sur son bureau. Le Payeur général du Trésor est le banquier de l'État. Comme tout banquier, il sait tout – ou presque – de son client. Mais, avant de passer à la signature de ce très haut fonctionnaire – l'un des mieux rémunérés de la République –, le décret en question transite par d'obscurs bureaux, de chemise en parapheur, entre des mains qui, le plus souvent, ignorent qu'elles sont alors dépositaires de secrets d'État. De 1986 à 1988, deux décrets de dépenses accidentelles se retrouvèrent ainsi dans le *Canard enchaîné.*

Les quémandeurs et les plaideurs : lobbies à la française

On entend souvent dire que la France, contrairement aux États-Unis, ignore les lobbies. Certes, nous ne connaissons pas l'inflation, telle qu'on la trouve outre-Atlantique, des experts qui hantent les couloirs du Congrès au service de telle cause, grande entreprise ou groupe de pression. Pour autant, notre système, même s'il est plus subtil, n'en présente pas moins une redoutable efficacité. On peut la mesurer tous les jours à Matignon qui est le lieu de France où tous les lobbies convergent. Dans notre pays, qui dit lobbie dit grand restaurant. A Matignon, on peut s'arranger pour être invité tous les jours à déjeuner aux meilleures tables de la capitale.

Certes, le cabinet dispose d'une salle à manger dans l'élégant immeuble du 13, rue Vaneau. Faute de place, il faut réserver plusieurs jours à l'avance pour occuper l'une des sept tables dressées par les maîtres d'hôtel du contingent qui y effectuent leur service militaire. Si vous êtes conseiller agricole, il vous reste à organiser entre vos amis la répartition des fromages, des fruits, des poulets de Bresse et des bouteilles de vin que les coopératives souhaitent absolument faire goûter hebdomadairement si ce n'est au « Premier », du moins à son conseiller ès produits fermiers et viticoles. L'homme des problèmes de défense pourra, selon ses désirs, apponter sur un porte-avions ou effectuer une plongée à bord d'un sous-marin nucléaire lanceur d'engins. Si vous êtes en charge de l'énergie, vous pourrez, en une journée, faire un saut en jet et en hélicoptère pour vous poser sur une plate-forme pétrolière du gisement d'Ekofisk au large de la Norvège. Vos interlocuteurs, ce seront des présidents et des directeurs, qui pourraient souvent – à condition qu'ils se fussent mariés jeunes – être votre père. Vous l'apprendrez plus tard, vous êtes, comme on dit, « repéré ». D'aucuns cherchent à savoir quel est votre poids réel et quel est votre degré de liberté de manœuvre. Dès lors que l'examen s'avère probant, alors vous devenez un interlocuteur valable pour le système des lobbies à la française.

Le mélange de colbertisme et de centralisation étatique dont notre pays reste puissamment imprégné explique les trésors d'ingéniosité que doivent déployer les grandes entreprises, les organisations professionnelles (y compris ouvrières) et, d'une façon générale, les structures importantes du pouvoir industriel, économique et financier pour se mettre bien avec les gouvernements en place. Le cas des entreprises publiques est plus simple : l'État étant l'actionnaire principal, leurs présidents n'ont d'autre choix, s'ils veulent garder leur poste, que de plaire aux ministres assurant leur tutelle; de surcroît, s'ils ont besoin de subventions et de fonds propres, il peut leur être précieux de disposer d'un relais efficace avec la direction du Trésor, sous la forme, par exemple, d'un inspecteur des Finances ou d'un « trésorien [1] » à la direction financière de l'entreprise. Ainsi se développent ces cousinages (d'aucuns parlent de pantouflage) entre la haute fonction publique et les entreprises comme EDF, Renault ou les Charbonnages qui sont les chasses gardées traditionnelles des ingénieurs des grands corps techniques de l'État.

Le cas du secteur privé est plus subtil. Ces entreprises, d'une façon générale, ne doivent rien à la puissance publique. Tout au plus – ce qui n'est pas rien – l'État peut être leur client. Par contre, elles sont, d'une manière ou d'une autre, tributaires de l'action du gouvernement pour leur développement. Le bâtiment et les travaux publics (BTP) voient leur activité plus ou moins encouragée selon la politique gouvernementale relative au logement ou à l'équipement routier. Le disque a vu ses ventes doubler lorsque Jacques Chirac décida, en août 1987, de baisser la TVA sur le disque, qui s'exerçait au taux de 33 %, vers le taux moyen de 18,6 %. L'annonce fut décidée après un échange téléphonique entre le Premier ministre et le ministre d'État chargé des Finances de façon à pouvoir être effectuée à l'occasion d'une interview du Premier ministre à la radio NRJ. Le

1. Ainsi appelle-t-on, dans le jargon technocratique, les anciens administrateurs de la direction du Trésor.

disque figurait, avec l'automobile, sur la liste (établie le 13 juillet 1987) des produits dont Édouard Balladur et Alain Juppé avaient décidé de proposer la baisse. Cette liste fut miraculeusement tenue secrète pendant plus d'un mois. La réglementation de l'économie accroît le rôle des lobbies. Quelques exemples : la presse quotidienne de province tient beaucoup à ce que la distribution ne puisse accéder à la publicité télévisée car elle y voit une diminution corrélative de ses propres ressources publicitaires; les exploitants de salle de cinéma souhaitent voir diminuer le nombre des films passés à la télévision; les producteurs de lait refusent l'application des quotas laitiers décidés à Bruxelles; les hôtels de luxe se plaignaient d'être taxés à 33 % (ils finirent par obtenir gain de cause).

Chacun, par conséquent, dépend d'une façon ou d'une autre de l'État pour exercer son activité de façon plus ou moins libre ou plus ou moins lucrative (deux caractéristiques qui vont généralement de pair). C'est pourquoi, la plupart des secteurs d'activités disposent de relais auprès des cabinets et plus particulièrement à Matignon. Les plus importants – ou les plus chanceux – doivent être capables d'obtenir un rendez-vous du Premier ministre. Avec Jacques Chirac, il fallait compter environ deux à trois semaines de délais dès lors que Denise Esnous avait dégagé une plage dans l'emploi du temps infernal du « Premier ». Les autres – de loin les plus nombreux – devront se contenter d'être reçus par les conseillers du cabinet ou, marque d'attention particulière, par le directeur... Et encore, cela n'est pas toujours facile, en vertu de l'adage que certains pratiquent, selon lequel ce serait déchoir que d'accorder un rendez-vous rapproché à un interlocuteur, fût-il des plus chevronnés et des plus galonnés. Les bureaux étant souvent dépourvus d'antichambre, il n'est pas rare de voir tel P-DG habitué des salons du *Crillon* et du *Bristol* poireauter dans une soupente où trois secrétaires débordées tapent des rafales de notes au milieu de sonneries du téléphone aussi nombreuses que stridentes avant de rencontrer un conseiller qu'il a dû contacter trois semaines auparavant pour être reçu.

En période d'élaboration des textes législatifs, l'efficacité des lobbies redouble. Matignon est alors littéralement bombardé de notes le plus souvent sur papier blanc (pour ne pas donner prise à l'accusation de lobbyisme qui demeure une activité honteuse mais indispensable) adressées par les organisations professionnelles et les entreprises concernées par le futur changement de la règle du jeu législatif. Leur degré d'information est tel qu'elles attirent parfois l'attention du cabinet sur une mesure préparée au seul niveau des services et qui n'en est pas encore sortie! Il m'est arrivé personnellement, à trois reprises, d'être alerté sur les agissements de l'administration par un tiers extérieur à celle-ci. C'est ainsi que les services du ministère de l'Intérieur et des Finances se seraient bien vus portant plainte contre les organisateurs de jeux de hasard non autorisés par Minitel en vertu de la législation sur les jeux. L'ennui c'est que, par extension, la plainte aurait visé les journaux proposant à leurs lecteurs le Portfolio ou le Bingo! On imagine le séisme provoqué par le dépôt d'une plainte qui aurait visé *Le Figaro, Le Provençal* ou *La Dépêche du Midi,* tous promoteurs de jeux qui, selon les juristes des administrations concernées, constituaient « une infraction délibérée à la législation sur les jeux et les loteries »... L'affaire fut promptement stoppée en réunion interministérielle au grand dam de la direction des libertés publiques du ministère de l'Intérieur qui n'en avait pas mesuré les conséquences, emportée par une fougue moralisante qui aurait pu se révéler dévastatrice. Et les joueurs de Bingo purent continuer à dormir en paix et à lire leur journal favori sans encourir les foudres de la justice.

La fin de la session parlementaire de printemps coïncide avec le tournoi de Roland Garros. Autour du court central, le lobbyisme bat son plein. Il faut s'y trouver à partir des quarts de finale et se faufiler dans l'enceinte réservée dite du « village » où se regroupe le Tout-Paris de la politique, des affaires, des médias et de la publicité. Sont là rassemblés toutes celles et tous ceux qui comptent dans le secteur où ils exercent leurs talents. Lorsqu'on pénètre dans ces lieux avec le passe-droit que constitue l'appartenance au cabinet du Premier ministre, il est prudent de se demander si, en cas de changement de gouvernement, on continuerait à y être invité.

Le télé-achat ou la quadrature du cercle : Un cas pratique de lobbyisme

C'est toujours après coup que les lois délivrent leurs insuffisances. La loi sur la communication n'avait pas prévu la réglementation du télé-achat. Cette activité n'est pas un programme au sens propre du terme mais plutôt un service à valeur ajoutée qui consiste, grâce à la télévision, à effectuer de la vente d'objets au public. Lorsque l'équipe de Francis Bouygues annonça son intention de lancer un « magazine de l'objet » sur TF1, avec Pierre Bellemare dans le rôle de Monsieur Loyal, ce fut une levée de boucliers d'une ampleur identique à celle qui suivit l'autorisation de la publicité pour la bière à la télévision. Les protagonistes n'étaient pas les mêmes. Ici, on retrouvait pêle-mêle la CNCL – dont des membres voyaient dans l'émergence du télé-achat « la fin de la télévision française » – les grandes surfaces, partagées entre la réprobation, par peur de la concurrence, et l'encouragement pour celles qui pressentaient là un nouveau marché dont elles pourraient profiter, les organisations de consommateurs, dont la véhémence est aussi forte que le consumérisme est faible dans notre pays, qui craignaient, au contraire, le développement d'un nouvel espace commercial sur lequel elles n'auraient pas prise. Mais le coup de grâce fut donné par la presse écrite, dont les organisations professionnelles mirent en action leur artillerie lourde, en direction du parlement et du gouvernement, tout ceci dans le but de barrer la route à ce « magazine de l'objet » porteur, selon elles, de tous les germes de « désectorisation » (ouverture de la publicité télévisée au secteur de la distribution qui demeure toujours interdit).

Bref, la quadrature du cercle : d'un côté, la chaîne TF1, arc-boutée sur ce qu'elle considérait être son bon droit; de l'autre, le rassemblement hétéroclite des opposants à une activité télévisuelle pourtant banale aux États-Unis où son chiffre d'affaires ne cesse d'augmenter. Les partisans d'une interdiction absolue l'emportèrent dans un premier temps, sous la forme d'un amendement parlementaire déposé en fin de session par Michel Pelchat, Jacques Barrot et Michel Péricard. Dès lors, les interventions se multiplièrent. Francis Bouygues en faisait une question de principe et fit clairement savoir à François Léotard qu'il considérait toute acceptation de cet amendement par le gouvernement comme un casus belli. Gabriel de Broglie était plutôt partisan de l'amendement Pelchat-Barrot-Péricard après avoir constaté que la CNCL n'avait pu obtenir de TF1 la cessation de l'émission incriminée. Comme de coutume, le jugement de Salomon se tint à Matignon par une belle après-midi d'hiver, le 9 décembre 1987. L'interdiction pure et simple choquait. J'y voyais comme une régression de la liberté et, pour tout dire, une disposition qui aurait tôt fait d'être contournée ou violée. Devant la perplexité des représentants des ministres, je proposai alors une solution quelque peu différente. Il suffisait d'y penser : le télé-achat serait autorisé, mais selon les règles fixées par la CNCL. Ainsi, nous évitions de fermer la porte à une activité nouvelle sans pour autant tolérer un vide juridique néfaste. Le seul ennui était que l'amendement des parlementaires était déjà déposé et que nous leur demandions, en fait, de le remettre dans leur poche et d'en accepter un autre, du gouvernement, radicalement différent. Après quelques laborieuses tractations, et grâce à la bonne volonté de Michel Péricard, le dispositif concernant le télé-achat fut voté le 6 janvier 1988. Ouf! Nous avions évité le pire : l'anachronisme consacré par une loi condamnée à être bafouée. Des dizaines d'heures de palabres pour trois lignes de texte : telles sont la grandeur et la servitude du métier de conseiller du prince.

Quant aux boissons alcoolisées, dont la publicité télévisuelle avait été autorisée pour la bière au début de 1987, la croisade du professeur Claude Got, une sorte de moine soldat de la sobriété, aboutit au dépôt d'un amendement parlementaire qui abrogea notre « décret scélérat ». Il fallut de longues tractations pour éviter un texte interdisant les publicités pour la bière en affiches et à la radio : c'était la faillite assurée pour *Europe 1, RTL, Giraudy ou Avenir publicité.*

Voyages voyages

Les chefs d'État et de gouvernement se plaisent à voyager. C'est normal. Les voyages officiels sont à la République ce que furent à Louis XIV les menus plaisirs. Plût au ciel qu'une dame de Maintenon pût tenir une chronique de ces déplacements et de leurs petits tas de secrets : on y apprendrait le nombre des valises qu'emmène avec soi l'épouse de tel ministre et la couleur du survêtement qu'enfile son mari dès qu'il embarque dans le DC 8 du COTAM [1] pour ne pas froisser son costume. Les périples lointains détendent les esprits les plus taciturnes. Les hommes sur les épaules desquels repose la politique nationale quittent avec plaisir l'arène où ils se meuvent. De Gaulle n'y est pas pour rien, qui disait qu'à l'extérieur de ses frontières « la France parle d'une seule voix ». Au plus fort de la tourmente, lorsque les sondages dégringolent et que les banderoles et les cortèges se font plus bruyants qu'à l'accoutumée, le leader politique apprécie d'autant plus ces escapades au cours desquelles il peut, avec son homologue étranger – et pour une fois d'égal à égal – comparer les misères dont les accablent leurs opinions publiques respectives. Cela suppose que le voyage se déroule dans une démocratie, à moins de s'entendre dire, avec un large sourire : « Ici nous n'avons pas ce genre de problèmes », la police et l'armée faisant le reste. Au demeurant, le seul endroit où les chefs d'État et de gouvernement parlent vraiment le même langage est celui du sommet annuel des pays industrialisés. Ron, Maggie, Helmut, François, Jacques et les autres peuvent alors, en toute quiétude, se livrer à des confidences et mesurer la difficulté de l'exercice auquel ils ont choisi de se livrer et qui consiste à gouverner des peuples dont l'instruction, la versatilité et l'intelligence n'ont d'égale que l'inconstance.

1. Compagnie de transport aérien militaire, dépend de l'armée de l'air et affrète les DC 8 au sigle « République française. » Le Concorde emprunté par le chef de l'État ou le Premier ministre est réquisitionné par l'État auprès d'Air France.

Pendant la cohabitation, coexistèrent bien sûr deux types de voyage : ceux avec le Président de la République et ceux sans le Président ou, si l'on préfère, ceux avec Chirac et ceux sans Chirac. L'atmosphère y était, on l'imagine aisément, notablement différente.

Septembre 1986. Jacques Chirac effectue une visite officielle au Maroc. Il entretient des liens d'amitié avec Hassan II depuis des années. Sont du voyage Jean-Bernard Raymond – dont nous pourrons tous admirer les bretelles lorsqu'il ôte sa veste dans l'avion –, Robert Pandraud, ami intime de Driss Basri, ministre de l'Intérieur du Royaume et Camille Cabana, natif de Casablanca où il débuta comme postier. Dans les longs courriers de la République, quand il s'agit d'un voyage à l'étranger et non outre-mer, c'est le service du protocole du Quai d'Orsay qui vous assigne vos places. L'avant de l'appareil comporte une dizaine de fauteuils qui se font vis-à-vis, puis quatre lits séparés du couloir central par un rideau. C'est l'espace présidentiel ou premier ministériel. Lorsque nous nous rendrons à la Réunion, Chirac attribuera un lit à Jacques Foccart pour lui rendre le voyage plus confortable. Les autres ministres se contenteront – comme nous – de sièges de première inclinables.

Le Concorde présidentiel présente un aménagement – élaboré sous Giscard – qui permet au premier personnage de l'État de voyager dans des conditions exceptionnelles. La moitié du fuselage de l'appareil est neutralisée et transformée en salon-salle à manger-bureau-permettant au Président, s'il le désire, de tenir un mini-conseil des ministres à mach 2 au-dessus de l'Atlantique. Les ministres et les conseillers disposent du reste de l'appareil selon un ordre strictement établi à l'époque par le chef du protocole Henri de Coignac, qui occupe l'une des fonctions les plus délicates en période de cohabitation puisqu'il s'agit d'orchestrer le ballet protocolaire que la République impose à son Président et à son gouvernement tout en relevant de l'autorité du ministre des Affaires étrangères. Dans le Concorde, viennent d'abord les ministres, puis les membres du cabinet du Président de la République, ceux du Premier ministre et, enfin, les invités personnels du Président. De retour du sommet francophone de Québec, en septembre 1987, je fus le témoin d'une scène assez comique au cours de laquelle le chef du protocole dut expliquer à l'un des « grands directeurs » [1] du Quai d'Orsay qu'il devrait se contenter de rentrer en DC 8 le Concorde étant saturé. Il fallait voir la mine dudit « grand directeur » de surcroît ministre plénipotentiaire d'un grade plus élevé que Coignac!... Au cours du vol Québec-Paris (moins de quatre heures) un majordome vint chercher la demi-douzaine d'heureux élus que le Président conviait à dîner à l'avant de l'appareil, tandis que le reste de la délégation, sagement demeurée à sa place, se contentait du caviar et du homard, arrosé de Margaux 71 et de Dom Pérignon, servis dans les mêmes conditions que les hommes d'affaires habitués du Paris-New York en supersonique.

Revenons au Maroc. L'ambiance était incontestablement bon-enfant. Chirac, comme à l'accoutumée, était aller saluer – bise aux dames – les journalistes qui occupaient la deuxième partie de la cabine, dûment cornaqués et maternés par l'infatigable Lydie Gerbaud, l'attachée de presse probablement la plus aimée des journalistes politiques. Sitôt le décollage, après avoir enfilé un pull de cachemire, le Premier ministre découvre le dossier de ce voyage, préparé

1. Il s'agit de la poignée de directeurs qui se réunissent tous les matins autour du secrétaire général.

par le Quai d'Orsay et ses conseillers diplomatiques. En quelques mots, il s'agit de lui expliquer ce que les Marocains vont demander et jusqu'où nous pourrons aller. Le directeur d'*Afrique Levant* lui fait un bref exposé sur la situation de la monarchie chérifienne. Ton calme. C'est net. Précis. Clean. Ça sent bon le diplomate de carrière comme la France sait en produire. Le temps de prendre un whisky et d'avaler quelques canapés, nous atterrissons à Rabat.

Auparavant, comme pour chaque voyage officiel, nous avons reçu à l'embarquement un petit livre sur lequel est imprimé le programme du séjour – quasiment minute après minute (ces voyages font l'objet de repérages préalables précis sur place par des agents du protocole et du service des voyages officiels) et la liste de la délégation officielle, par ordre de préséance [1]. Le numéro de la voiture officielle qui vous attend à l'arrivée vous est communiqué, afin de ne pas troubler l'ordonnance du cortège des Mercedes ou des Lincoln qui – généralement – s'alignent avec leur escorte rutilante de motards pour former des cortèges dont la magnificence est, en général, inversement proportionnelle au PNB du pays d'accueil.

Atterrissage à Rabat. Les photographes, comme à l'accoutumée, demandent à sortir en premier pour immortaliser la poignée de main au bas de l'échelle de coupée entre l'hôte et le visiteur. Lorsque le Roi accueille un chef d'État à sa descente d'avion, le protocole exige que le souverain soit présent. En cas de retard de Sa Majesté – ce qui peut arriver exceptionnellement – l'avion doit tourner au-dessus de l'aéroport avant de se poser. Chirac est reçu par son

1. L'établissement de cette liste est un véritable casse-tête pour le chef du protocole qui se trouve soumis à des pressions de tous ordres de la part de ceux – nombreux – qui estiment devoir passer devant les autres...

homologue marocain, lequel est ponctuel. L'avion n'a pas à tourner au-dessus de la piste. Le soir même, nous devons dîner au palais royal. Prévu à vingt-deux heures, le repas commencera vers vingt-trois heures trente. Nous attendons tous, en plaisantant et en smoking, à la résidence des hôtes de marque, pendant que Chirac appelle Balladur au téléphone pour arrêter définitivement le montant des crédits que la République française s'apprête à consentir à la monarchie chérifienne. Le dîner se passera entre hommes et par petites tables, dans un patio où des fontaines laissent entendre la délicieuse musique de l'eau qui coule. Lydie Gerbaud est la seule femme admise dans cet univers masculin où l'on se croit ramené à une ambiance de cour de l'Ancien Régime. Hassan, de petite taille, au regard perçant et distant, me paraît très impressionnant. Nous goûtons à la cuisine royale, à ces gâteaux de tomates et aubergines cuits pendant des nuits entières et à ces agnelets présentés en position fœtale dans de vastes plats de terre, sortis du méchoui, dont nous mangeons la peau et les attributs présentés au bout de longues fourchettes par des majordomes en culottes bouffantes. A la Cour, le ministre le plus puissant n'est qu'un sujet parmi les autres. Curieuse relativité qu'introduit ainsi dans une structure de pouvoir très efficace le principe de la monarchie héréditaire. L'après-dîner se passe à grignoter des pistaches et des cornes de gazelles. Puis, retour au bercail vers deux heures du matin dans le hurlement des sirènes et les éclairs des gyrophares.

La journée suivante constitue le plat de résistance traditionnel d'un voyage officiel : la réunion des délégations, assises de chaque côté d'une longue table, chacun son petit drapeau devant son maroquin. Aucun problème de fond n'est évoqué. Les réunions techniques ont précédé la visite officielle. Il s'agit simplement de parapher des accords déjà établis. Puis, déjeuner encore plus éblouissant que le dîner royal de la veille : on nous propose douze tagines différentes. Ensuite, visite au cheikh Zayed, roi des émirats, qui séjourne souvent à Rabat dans une sorte de palais des Mille et Une nuits où il entretient un harem. J'ai réussi à me faufiler dans le groupe restreint qui accompagne Chirac à ce rendez-vous. Dans les jardins du palais, d'immenses tentes en dur ont été construites comme pour rappeler qu'il y a trente ans à peine Zayed vivait encore en nomade dans le désert. Le vieil homme nous reçoit dans un salon qui brille de mille feux. Nous sommes assis sur des banquettes, les pieds posés sur des tapis de très haute laine. Des servantes non voilées nous offrent des breuvages qui ont la couleur de l'arc-en-ciel tandis que le chambellan nous fait passer un même gobelet rempli de thé à la cardamome dans lequel chacun d'entre nous doit tremper ses lèvres s'il veut célébrer l'hospitalité. Zayed est l'un des hommes les plus riches du monde. Il a gardé un port d'ascète; il a revêtu un vêtement immaculé et égrène un chapelet fait de grosses perles noires. Ses serviteurs portent tous la mitraillette en bandoulière. Le grand hall du palais est animé par une foule de courtisans qui jacassent en attendant que l'audience se termine. Ils essaient de passer la tête pour tenter d'écouter la conversation et sont gentiment repoussés par des gardes du corps armés jusqu'aux dents.

Chirac et Zayed parlent du Liban, de l'Islam et du conflit entre l'Irak et l'Iran. Zayed, sunnite, n'a que mépris pour Khomeiny et nous le dit. Puis il souhaite à Chirac d'être béni par Allah, cite quelques versets du Coran et l'invite à se rendre, à sa convenance, en visite officielle dans les Émirats. L'interprète parle mal le français. Je me dis qu'il pourrait raconter n'importe quoi et que nous n'y verrions que du feu.

Fin de l'audience. Hurlement des sirènes. You-You des femmes du harem qui saluent notre départ, depuis un balcon. Nous filons sur Casablanca par la route où Chirac doit ouvrir le sommet des maires des capitales francophones.

Ambiance différente. Il y a là des Européens, des Arabes et des Africains. Chirac est là comme maire de Paris et connaît ses collègues depuis des années.

L'atmosphère est rieuse. Les vins proviennent de la cave de l'Hôtel de Ville. Chirac plaisante avec la mairesse de Ouagadougou, le secrétaire général de la ville de Dakar et Paul Pelletier, son vieil ami, le maire de Québec. Nous terminons la soirée, Camille Cabana, le ministre marocain de l'Intérieur et moi dans un club privé où se produiront des danseuses spécialement venues pour nous du Haut Atlas.

L'atmosphère d'un voyage présidentiel diffère du tout au tout. Cohabitation oblige, probablement. Mais aussi parce que la présence du Président impose un protocole beaucoup plus strict. Lorsque celui-ci se déplace, c'est avec une partie des services attachés à la Présidence : le département des transmissions qui permet au chef de l'État d'être joint et de joindre qui il veut à toute heure du jour et de la nuit et surtout de déclencher l'emploi de nos forces nucléaires; les inspecteurs de la Sécurité présidentielle : il y en avait une vingtaine dans le couloir du 17e étage de l'hôtel Château-Frontenac de Québec, où logeaient les délégations officielles au sommet des chefs d'État francophones. (Les chambres respectives du Premier ministre et du Président étaient situées à chaque extrémité du couloir); les attachés du protocole du Quai d'Orsay; les membres de la suite présidentielle (le cabinet et les invités personnels du Président); son officier d'ordonnance (le Président dispose d'un

Colonel; le Premier ministre a droit à un commandant mais Chirac ne fera pas appel aux services de son officier d'ordonnance qui l'accompagnera seulement pendant ses périples). Lors d'un voyage présidentiel, tout membre de la suite reçoit les journaux de métropole qui sont déposés chaque matin ou chaque soir devant sa chambre ainsi que la collection des dépêches de l'AFP.

On pourrait penser que les sommets francophones font partie de la liturgie ordinaire du gaullisme. C'est pourtant François Mitterrand qui en a lancé l'idée en 1985. La France pratique beaucoup les sommets avec les pays qui faisaient naguère partie de son empire colonial. Les sommets franco-africains laissaient frustrés nos amis du Québec. La francophonie, science qui a donné lieu à des thèses et à des exégèses des plus fouillées, joue un peu le rôle de la voiture-balai qui passerait derrière les miettes du festin anglophone dont se gorge notre planète. Ce côté « dernier carré de Waterloo » confère à ces aréopages un parfum indéniable de nostalgie. Les vieux sages y côtoient les jeunes loups africains et le Président de la République française joue un peu le meneur de jeu de cette grande récréation colorée où l'on retrouve pêle-mêle le Premier ministre du Canada, le Président d'Haïti, celui des Comores, de Djibouti, du Liban ainsi que les représentants des chefs d'État du Maghreb et de l'Égypte. L'ombre de De Gaulle plane sur ces hommes (et ces femmes). On y entend citer les noms des grands prêtres d'une certaine idée de la France : Senghor, Malraux, Mauriac... Les capitaines en battle dress qui ont pris d'assaut leur République ont passé pour la circonstance le costume sombre croisé sur le revers duquel ils arborent la rosette rouge sur canapé or que leur a délivrée le service du protocole du Quai d'Orsay pour la Légion d'honneur française ou ce qui, chez eux, en fait office, sous des couleurs généralement si voisines qu'il faut un œil exercé pour les distinguer.

Ce sommet francophone se tient dans une bâtisse assez hideuse, mélange de viennoiserie fin de siècle et d'esthétique ferroviaire du *Canadian Pacific.* Au premier étage, la salle des conférences se présente de façon classique : une vaste table en fer à cheval sur laquelle sont disposés les attributs de chaque chef de délégation : un petit drapeau aux couleurs de son pays, une batterie de micros et le sacro-saint plateau d'argent pour la bouteille d'eau minérale et le verre. Aux murs, des tableaux pompiers comme les Américains en firent à la fin du siècle dernier, encore plus pompiers que nos Rochegrosse ou nos Bonnat. Chaque délégation comprend au maximum huit personnes, y compris les ministres. Jean-Bernard Raymond et Lucette Michaux-Chevry assistent scrupuleusement à toutes ces séances au cours desquelles sont débitées d'une voix souvent monocorde d'interminables motions sur l'emploi du français dans les conférences internationales, l'espace audiovisuel francophone, la Foire du livre francophone et l'Université de la francophonie. Il reste donc six places pour lesquelles il faut retirer un ticket à l'entrée de la salle des conférences. Cela donne lieu à quelques scènes piquantes où les conseillers de l'Élysée et de Matignon se disputent les sièges comme des gamins pour un tour de manège.

Le hall de l'hôtel Château-Frontenac ne désemplit pas. Cela tient du caravansérail. Les délégations se bousculent car, passé six heures, le congrès francophone s'amuse. Des dames en boubou immaculé se font emmener chez les plus grands fourreurs pour y faire une orgie d'écharpes de castor et de toques de zibeline tandis que les messieurs, gros cigares à la bouche, s'apprêtent à monter sur le bateau-promenade qui les attend sur le Saint-Laurent. Le sommet se termine le samedi. Jacques Chirac regagne Paris le mercredi soir et me demande ainsi qu'à Jacques Foccart de rester avec le Président de la République et les ministres compétents. Foccart a sous la main l'intégralité des dirigeants africains et compte bien en profiter. Pour ce qui me concerne, je me ménagerai une petite escapade pour regarder – spectacle inoubliable – la danse des baleines et des bélugas au crépuscule, dans le Saint-Laurent, au large de la petite ville de Tadoussac à l'embouchure du Saguenay.

L'observation de l'entourage présidentiel me permet de mesurer la différence qui sépare à la fois les caractères et les fonctions de Jacques Chirac et François Mitterrand. Celui-là invite à la bonne franquette ses collaborateurs à déjeuner dans un restaurant du vieux Québec; la veille au soir, nous avons sablé le champagne dans la chambre du Premier ministre pour fêter l'anniversaire de Jacques Foccart auquel nous avons remis pour l'occasion une statue eskimo sculptée dans une mâchoire de cachalot. N'ayant pas eu le privilège de pénétrer dans la suite présidentielle, à l'autre bout du couloir, je n'ai pas pu approcher de près François Mitterrand. Il m'a semblé, à l'époque, plus sphinx que jamais. En revanche, ses invités personnels, Thierry de Beaucé, Régis Debray, Yves Navarre et son médecin paraissaient s'amuser. Pour le reste, chaque conseiller me parut avoir un rôle soigneusement assigné et s'y tenir.

Entre des séances plénières qui s'éternisent, François Mitterrand, visiblement, prend plaisir à se promener en compagnie de Jacques Attali dans les rues étroites de la vieille ville qui ressemble étrangement à certains quartiers de Saint-Malo. Un matin, il profite d'une interséance pour aller, d'un coup de Falcon 50, passer deux heures en Acadie avec Clémentine Maillet. A la session finale de la conférence, dans un amphithéâtre dont le public était formé par les délégations assistant à la parade de leurs chefs sur la scène, Michel Charasse, bretelles multicolores, animait fort civilement le rang très cohabitationniste que nous formions, conseillers de l'Élysée et de Matignon pour une fois confondus et réunis.

Novembre 1987. Tournée chiraquienne à la Réunion. Au pavillon d'honneur de Roissy, règne une ambiance de colonie de vacances. Les journalistes entourent Jacques Foccart qui, pour une fois, ne répugne pas à leur délivrer quelques confidences.

Foccart traîne après lui comme une odeur de soufre et jouit d'un grand prestige. C'est l'une des mémoires les plus étonnantes de la Cinquième République. Généralement silencieux, effacé dans les apparences, il intimide énormément ceux qui ne le connaissent pas. Jacques Chirac, qui adore nos départements d'outre-mer où il se trouve bien, affiche une forme éclatante! Les deux journées sont harassantes pour tout le monde sauf pour lui. A pied, en voiture, en hélicoptère, nous passons des mairies aux monuments aux morts, à une inauguration de chambre de commerce, à une visite d'école puis d'hôpital. Le premier soir, nous dînons dans un restaurant chinois pour fêter le jubilé de Michel Debré. Foccart et Debré mangeant de la carpe parfumée avec des baguettes me font penser à deux vieux mandarins penchés sur le destin d'un lettré d'âge mûr et néanmoins leur cadet qui, dans quelques semaines, va affronter cette épreuve initiatique que constitue l'élection à la Présidence de la République au suffrage universel.

Juin 1987. Pèlerinage gouvernemental au Puy-du-Fou, haut lieu de la culture populaire néoconservatrice telle que Philippe de Villiers l'a réinventée. Pas moins de vingt-cinq ministres s'entassent dans l'Airbus d'Air Inter spécialement affrété par le cabinet du secrétaire d'État à la Culture.

Jacques Chirac arrive de Corrèze par hélicoptère. Scènes d'enfants courant rejoindre le gros frelon d'acier et faisant la ronde autour du Premier ministre. Il flotte une atmosphère campagnarde. Les milliers de figurants du spectacle sont costumés et forment une haie. Ils sont plus étonnés de voir autant de ministres que nous le sommes de paraître ainsi remonter le temps. Dîner. Barre et Chirac sont assis à la même table. Dehors, Le Pen signe des autographes sur l'air du « manant qui n'a pas eu le droit de se joindre aux seigneurs d'en haut qui festoient ». Je me dis que l'habileté du bonhomme est redoutable. Dehors, il pleut des cordes. Le Tout-Paris industriel et médiatique s'entasse sur les travées du vaste amphithéâtre tubulaire, devant le château en ruines qui va être bientôt embrasé au canon laser. Fumerolles rouges et blanches. Bruitages que vomissent des baffles de la hauteur d'un petit immeuble. Tous les protagonistes de la présidentielle à venir sont là, abrités sous des parkas fournies par l'armée. Il n'en manque qu'un seul. Mais, à l'époque, il se dit tellement qu'il ne sera pas candidat qu'on finirait par y croire. Il pleut à seaux. Les nuages sont aussi gros que les arrière-pensées.

Colloque d'Alger

En mars 1987, le gouvernement algérien avait demandé l'aide de la France pour organiser à Alger un colloque sur les nouvelles technologies de communication et leur impact sur les pays en voie de développement.

Côté algérien, mon interlocuteur est le colonel Snoussi, un brillant officier du renseignement reconverti dans la modernité, le rock, la télévision occidentale, toutes innovations qu'il veut montrer à une jeunesse algérienne avide de nouveautés dans le complexe ultra-moderne du Riadh el Feth, un mélange de Parly II et de Forum des Halles situé à quelques pas du monument titanesque érigé sur les hauteurs de la ville « en mémoire des martyrs de l'indépendance ». Snoussi travaille en liaison directe avec la Présidence de la République algérienne ce qui lui confère l'autorité et l'autonomie face aux factions beaucoup plus conservatrices voire intégristes pour lesquelles le Riadh el Feth sent le soufre [1]. Snoussi me dépêche un envoyé spécial, que je reçois à Matignon. Le contact est excellent. Je propose, outre une participation officielle au colloque, l'organisation d'une exposition industrielle permettant de montrer les plus beaux fleurons de nos technologies de communication, télévision directe par satellite, haute définition, antennes paraboliques de réception, câbles par fibres optiques, télématique. Il ne reste qu'à lever les réticences du Quai d'Orsay dont les services paraissaient se perdre en conjectures sur l'opportunité d'un soutien à cette initiative de Snoussi. Était-elle vraiment cautionnée par le gouvernement algérien? De surcroît, elle n'était pas inscrite dans les sacro-saints protocoles que les diplomates établissent laborieusement à l'issue de ces « commissions mixtes paritaires » qui constituent l'instrument traditionnel de nos relations bilatérales avec les États. Les industriels, en revanche, jouèrent le jeu. L'exposition industrielle connut un immense succès. Je mesurai l'appétit de savoir et la curiosité intellectuelle de cette jeunesse algérienne dont la francophilie et la soif d'occidentalisation surprennent tout visiteur d'Alger. Quel décalage entre la langue de bois des interventions officielles à la tribune distillées par des

1. Depuis décembre 1988, il est dans une semi-disgrâce.

ministres qui dénonçaient l'impérialisme culturel occidental dont les satellites seraient les vecteurs les plus dangereux et tous ces yeux et ces mains avides d'explorer et de palper les écrans cathodiques et les caméras numériques exposés sur les stands de l'exposition! Certains peuples, décidément, ne semblent pas avoir les dirigeants qu'ils méritent.

Et que dire de l'article fielleux et ringard de l'organe officiel du FLN *Révolution,* publié la veille de l'ouverture du colloque, fustigeant la France et dénonçant dans ma présence à Alger la volonté de Matignon « d'approfondir la pénétration culturelle du Maghreb »!... Nos conseillers d'ambassade en étaient tout retournés. L'ambassadeur cachait mal un certain embarras. Je le rassurai : le succès de l'exposition technologique se chargerait d'effacer ces mouvements d'humeur qu'il fallait mettre sur le compte d'une réaction purement épidermique. Le grand cinéaste algérien Lakhdar Amina, présent à cette manifestation, eut la bonne idée de nous inviter l'ambassadeur Bochet, le conseiller culturel, cheville ouvrière de l'opération, Gaussot, et moi-même, à partager une dorade royale avec quelques ministres du gouvernement, le tout arrosé des meilleurs vins de ce terroir gorgé de soleil où des maîtres de chai, au siècle dernier, implantèrent nos techniques viticoles. La soirée fut douce. La ville clignotait de mille feux. Je constatai la popularité de Charles Pasqua auprès de ses homologues algériens. Je devinai combien la France demeure présente au cœur de nos amis, et pourquoi tant de jeunes, dans la rue, subodorant votre nationalité, vous tendent la main avec un large sourire et vous demandent « s'il fait beau à Paris ». J'ai mesuré, aussi, à quel point nos ambassades à l'étranger peuvent, dans certains cas, se trouver coupées des forces vives du pays où elles représentent notre République. Ce colloque fut l'occasion pour de nombreuses personnalités algériennes de se rendre pour la première fois à la merveilleuse résidence de l'ambassadeur qui domine la baie et le port, à l'ombre des palmiers et des bougainvilliers, là même où séjourna le général de Gaulle lorsqu'il dirigeait le gouvernement provisoire de la France. Des intellectuels algériens me dirent tout le bien qu'ils pensaient de la France. Les critiques fusaient contre le régime du colonel Chadli. Une immense nostalgie perçait sous le discours de ces hommes et de ces femmes à qui la Révolution laissait un goût plus qu'amer dans la bouche. Lorsque éclateront les émeutes sanglantes de l'automne et l'hiver 1988, je repenserai à ces femmes et à ces hommes condamnés à capter, le soir, RMC ou RFI pour savoir comment va leur pays, et à ces milliers de jeunes qui passent le plus clair de leur temps dans la rue et dont l'horizon se borne au chômage qui les attend et aux mosquées qui poussent comme des champignons.

Inénarrables

Il est des souvenirs qu'on ne peut rapporter que par flashes. Ce florilège, comme il se doit, sera donc court.

Naïveté. Pure celle-là, de la part d'émissaires aux chaussures bicolores et aux chapeaux feutre impeccables, venus offrir leurs services moyennant la sortie d'embarras fiscaux et pénaux de leur « ami » qui avait défrayé la chronique, dans les années 70, sur la Côte d'Azur.

Sagacité. De ce chef d'État africain terminant une lettre au Premier ministre par « un gros merci et une grande embrassade » : il demandait des crédits pour installer sur le sol de son pays des stations de réception satellite de télécommunications. La République restant bonne fille pour ses affidés africains, il les obtint et continuera sans nul doute à les obtenir sous d'autres cieux politiques. Ainsi va l'Afrique.

Sensibilité. De Jacques Chirac qui passera de longues heures à organiser le rapatriement du corps de la meilleure amie de sa fille Claude, décédée accidentellement en Australie.

Hilarité. De celui qui tient cette plume devant le spectacle du trio Mitterrand-Giscard-Chirac lors de l'inauguration du musée d'Orsay en novembre 1986 en pleine tourmente étudiante : assaut d'amabilités cohabitationnistes entre grands fauves pétris d'arrière-pensées. Chacun paraît avoir ses œuvres favorites, si l'on en juge par la durée de leurs stations respectives sur ce parcours du combattant mondano-culturel : Mitterrand aime Camille Claudel; Chirac en pince pour les *Nymphéas,* tandis que Giscard apprécie la subtilité des tableaux nabis. Des goûts, des caractères, et des couleurs!

Égrener, en vrac, quelques grains du chapelet des souvenirs.

Retours de sommets européens, de sommets des pays industrialisés, ou de sommets bilatéraux : la cohabitation s'exhibe à la face du monde; le Président et son Premier ministre voyageant et travaillant ensemble; la compétition des entourages sur le thème : qui possède le dossier le plus pointu, la note la plus fine?; les confidences distillées à des journalistes autour d'un verre, très tard dans la nuit, les dîners diplomatiques se terminant toujours en retard, les petites-phrases-sorties-de-leur-contexte dont la presse, dès le lendemain, va faire son miel. La fureur de ce ministre quand il apprend qu'un député socialiste qui l'a traité « d'incompétent » fait partie de la délégation officielle à une conférence internationale. Les avanies verbales que fait subir au chef du protocole, toujours lui, la femme d'un ministre qui se prend visiblement pour autre chose que ce qu'elle est. Les parties de cartes, assorties de commentaires ironiques – et parfois acerbes – des chauffeurs sur leurs excellences dont les R 25 métallisées s'alignent dans la cour de Matignon les jours de conseil de cabinet ou de comité interministériel. Les familles des otages qui attendent sagement dans le fumoir Chirac qui va leur faire un point de la situation et qu'on fera sortir par l'arrière-cour pour éviter tout regard indiscret des permanenciers d'agences qui guettent la moindre allée et venue depuis la salle de presse. La queue interminable qui s'échelonne jusqu'à la rue Vaneau lors de la garden-party du Premier ministre, fin juin : rassemblement du Tout-Paris parlementaire et journalistique, tranche de vie du microcosme et de ce-qui-compte-en-France. Ici, on s'agglutine volontiers par affinités : les militaires bavardent entre eux; là les académiciens; un peu plus loin, la famille Debré au grand complet. Entre ces pôles, plus ou moins compacts, vont et viennent, tels des poissons pilotes, des journalistes en vue ou de jeunes parlementaires qui savent déjà que l'immobilité est meurtrière sur ce champ de bataille politico-médiatique dont ils ont sous les yeux la maquette idéale. La France des notables côtoie la haute finance et le show-bizz. On peut y voir encore quelques bedaines, style Troisième République, mais elles se font plus rares. Les plus malins stationnent sur les marches qui permettent l'accès du perron à la pelouse du parc : ils sont sûrs, au moins, de voir et surtout d'être vus. Prévoyants, les jardiniers du secrétariat général du gouvernement disposent sur le gazon un plancher léger pour éviter le désastre écologique consécutif à ces mondanités où, sans jeu de mots, on bat de la semelle ou du talon aiguille pendant deux ou trois heures. Les dames sont plutôt jolies. Pour la plupart, c'est une occasion de pénétrer dans ce monde du pouvoir dominé par les hommes. Pour celles qui passent encore leur temps à attendre leur mari (la femme d'un ministre est dépositaire de tous les records d'attente de son époux à la maison ou dans la voiture), cette irruption sous les frondaisons fragonardiennes de la République est un réconfort : elles constatent alors qu'elles ne sont pas seules de leur condition à se cantonner aux coulisses obscures du théâtre sur la scène duquel évoluent leurs grands hommes de maris.

Inénarrable, aussi, cette conversation téléphonique avec un brillant parlementaire dont un collègue ministre traverse une passe difficile : il pense avoir les capacités nécessaires pour lui succéder et, de surcroît, il sera fidèle contre vents et marées. Quelques mois plus tard, il gagnera l'état-major barriste dont il prendra – c'est vrai – rapidement ses distances.

Indescriptible, l'odeur du pouvoir : ce mélange de parfums de fleurs rares (les fleuristes de Matignon et de l'Élysée font des merveilles) et d'encaustique dont le personnel d'intendance enduit le mobilier national, le tout pollué par les relents de tabac froid, comme en est imprégnée la salle du conseil après les marathons agricoles ou sociaux, sur lequel – last but not least – flotte comme un léger nuage de poussière.

Incroyable, ce calme qui règne toujours dans les palais nationaux, même lorsque la rue gronde. Matignon est à quelques centaines de mètres de l'Esplanade des Invalides qui, un soir de novembre 1986, devient soudain le théâtre d'affrontements de plus en plus violents entre les étudiants et les policiers. Ce soir-là, pourtant, le parc est aussi silencieux que d'habitude. C'est tout juste si l'interministériel sonne un peu plus que de coutume : le préfet de police informe Matignon tous les quarts d'heure de l'avancée des manifestants. Le volcan tousse et le pouvoir, fidèle à lui-même, paraît flotter sur son petit nuage. Il est vrai que la vie continue, que la République doit être gérée, que l'activité diplomatique se poursuit et que la journée du lendemain s'annonce égale à elle-même, avec son lot d'arbitrages, de réunions et de psychodrames ministériels en tous genres. Alors, le pouvoir prend sa dimension réelle : cerise d'un gâteau qui ne lui appartient pas, il subit l'événement plus qu'il ne le contrôle et la société, tel le monstre marin de Pinocchio lorsqu'il éternue, tente, une fois de plus, de faire son éducation.

C'est la raison pour laquelle j'ai fini par me persuader que l'homme d'État est celui qui a le courage, malgré une lucidité certaine tempérée d'un certain fatalisme, de pénétrer et de vivre dans ce monde miroitant, troublant, éphémère et impitoyable qui se dérobe toujours un peu plus dès lors qu'on croit en tirer les ficelles.

CHAPITRE IV

L'accouchement du paysage audiovisuel français

(PAF)

Aux origines du PAF : l'amendement tour Eiffel

12 novembre 1985 – dix-huit heures

Dans son vaste bureau de l'Hôtel de Ville, Jacques Chirac nous fait servir du thé. La nuit commence à tomber. Un grand feu crépite dans l'immense cheminée. Comme d'habitude, il se charge lui-même d'y placer une bûche avec des gestes précis et méticuleux. Il y a là Toubon, Pasqua, Balladur et Ulrich. La veille, le gouvernement Fabius a fait déposer devant l'Assemblée nationale un amendement qui modifie les conditions de la domanialité publique au profit de TDF. Pour être bref, cela permet désormais à l'État d'installer au sommet de la tour Eiffel des émetteurs supplémentaires sans avoir besoin de l'accord de la société exploitant l'édifice, par concession de la municipalité parisienne qui en est propriétaire. Le contrat qui lie TDF à la tour prévoit, en effet, la mise à disposition des plates-formes qui culminent à 306 m de hauteur au profit des seules télévisions publiques. L'ouverture d'émetteurs pour les cinquième et sixième chaînes privées, ne peut s'opérer sans une négociation à laquelle avait dû se résoudre François Schoeller, président de TDF depuis l'incident de la grue de Latché, à l'issue duquel Georges Fillioud, secrétaire d'État aux techniques de communication, avait décidé de remplacer le président et le directeur général de l'établissement public de diffusion. Schoeller, ingénieur du corps des télécoms, célèbre pour ses prises de bec avec Gaston Defferre, lorsqu'il dirigeait les télécommunications des Bouches-du-Rhône, avait entamé la négociation avec la ville tout en sachant pertinemment que l'amendement dit « Tour Eiffel » allait être déposé. Depuis bientôt deux mois, au cours de ces séances assez surréalistes où nous avancions des chiffres et des spécifications techniques, à des interlocuteurs qui savaient, eux, qu'on peaufinait un texte destiné à court-circuiter Chirac, le président de TDF nous jura plus d'une fois, la main sur le cœur, qu'il avait mandat d'aboutir à un « bon accord ».

Mais le temps pressait. Le choix du tandem Berlusconi-Seydoux n'en finissait pas de créer des vagues dans le microcosme automédiatisé des politiques et des communicants. La seule façon de faire cesser une campagne qui prenait un tour de plus en plus vif, était d'offrir le plus vite possible la Cinq aux téléspectateurs. Le calendrier politique était tel qu'il ne resterait que trois courtes semaines entre le lancement de la Cinq et les élections législatives. Or le site de la tour Eiffel était incontournable pour que les habitants de l'Ile-de-France puissent capter ce nouveau programme sans l'adjonction – coûteuse – d'une nouvelle antenne sur leur toit. Il fallait disposer de la tour et passer sur le corps du maire de Paris ce qui fut fait.

L'amendement « Tour Eiffel », personne alors n'en a pris conscience, et encore moins le gouvernement socialiste, aura un effet capital sur l'évolution de ce qu'on appellera par la suite, selon l'expression de François Léotard, le « paysage audiovisuel français » ou PAF. Il produira, sur Chirac, le même effet que le statut de Paris, concocté en juin 1982 par les services de Gaston Defferre pour essayer de lui ôter une majorité municipale. Les socialistes auront taquiné de trop près la crinière du lion. Le maire de Paris se sentira floué et humilié. Et il n'aime pas ça.

Malgré la douceur de l'atmosphère de ce grand bureau dont les ors scintillent sous l'éclairage des flammes, l'ambiance est plutôt électrique. Calé dans son fauteuil, Jacques Chirac nous fait part de sa détermination :

– « C'est décidé. Ce qui vient de se passer est honteux. On ferme la tour. »

Un silence pesant s'installe. Nous savions qu'il avait très mal pris le dépôt de l'amendement « Tour Eiffel » mais, tout de même, personne ne pensait sérieusement qu'il voudrait aller jusque-là.

Devant nos regards quelque peu incrédules, il ajoute en tirant nerveusement sur sa cigarette :

– « Oui! Plus d'ascenseur. Plus de travaux. On ferme tout. »

La discussion s'engage. Fermer la tour purement et simplement, c'est entrer en guerre ouverte avec le pouvoir. De surcroît, en période de fêtes, cela revient à pénaliser les milliers de visiteurs qui, chaque jour, découvrent le génial échafaudage inventé par Eiffel pour l'exposition universelle de 1889. Enfin, argument déterminant avancé par Pasqua, pourquoi priverait-on les franciliens [1] des nouvelles chaînes, sous prétexte que le gouvernement se conduit mal avec le maire de Paris? Chirac est ébranlé par la

1. Nom donné aux habitants de la région Île-de-France.

démonstration de son futur ministre de l'Intérieur. Il pèse le pour et le contre. Comme à son habitude, il donne la parole à chacun des participants. En réalité, personne ne souhaite que la tour soit fermée. Il faut s'incliner et céder, mais provisoirement. Les élections sont proches et les sondages donnent la majorité gagnante. Nous mesurons trop les risques de retour de bâton. Les Parisiens, l'opinion ne comprendraient pas qu'on les prive des télévisions nouvelles.

Édouard Balladur, plus souverain que jamais, aura le mot de la fin, entre deux gorgées de thé :

– « Laissez-les faire, Jacques ! Ne bougez pas. Nous réglerons tout cela dans quelques mois. »

Je perçois comme une pincée de gourmandise dans son regard. Je me dis que cet homme sait déjà qu'il disposera dans quelques mois de pouvoirs très importants.

Pasqua plaide pour Berlusconi, avec lequel il a déjà dîné et qu'il continuera à rencontrer discrètement lorsqu'il deviendra ministre de l'Intérieur. Toubon est plus réticent. Il faut ajouter que c'est l'époque où « Sua Emittenza », comme on l'appelle en Italie, se répand en conférences de presse et en communiqués triomphalistes où il se proclame le sauveur d'une télévision française, à ses yeux, insipide et incolore. Il veut offrir à la France, comme il dit, du « champagne et des confettis ». Jacques Chirac se range aux avis modérés. La tour restera ouverte. En guise de baroud d'honneur, nous déciderons, tout de même, de faire repeindre et démonter les balustres des plates-formes qui supportent les émetteurs, pour bien signifier à l'État que la ville, ici, reste chez elle. D'ici là, l'amendement sera voté. Le Sénat, pressé de partir en vacances, ne fera guère d'obstruction. Entre Noël et Jour de l'An, les techniciens visseront sur les poutrelles de fer les émetteurs provisoires à partir desquels pourra être émis le signal de la Cinq et de sa petite sœur la Six, sortie in extremis de la hotte fabiusienne pour atténuer les effets assez négatifs sur le milieu des créateurs de l'irruption de Silvio Berlusconi dans l'espace audiovisuel national.

Cet épisode d'apparence anodine, péripétie nouvelle à ajouter à la guérilla entre la Ville et l'État, sera d'une importance capitale pour la suite des événements qui marquent l'évolution du secteur audiovisuel.

L'amendement « Tour Eiffel » restera gravé dans la mémoire du Premier ministre comme une humiliation inutile et jouera pour beaucoup dans le choix qui sera fait d'inscrire parmi les projets prioritaires du gouvernement la réforme de la télévision. En vain, Jérôme Seydoux tentera, avant et après les élections, lorsqu'il découvrira le guêpier dans lequel il s'est fourré, d'obtenir par le truchement de tiers et d'émissaires discrets, un rendez-vous avec Chirac. Celui-ci refusera de le recevoir. Silvio Berlusconi m'avouera, un an plus tard, avoir été à mille lieues de se douter de l'effet dévastateur de l'amendement « Tour Eiffel » sur Jacques Chirac. Georges Fillioud lui avait présenté, à l'époque, ce texte comme une simple formalité anodine dont l'adoption ne posait aucun problème. « Sua Emittenza » regrettera sa (fausse) naïveté.

En cette fin d'année 1985, l'air du temps prédit un changement de majorité au Parlement et déjà se dessine la trame de ce qui va devenir la cohabitation. Le sort du PAF en est jeté, à cause d'une très belle antenne dont la courbure épouse une forme de progression logarithmique et domine le bassin parisien. La tour Eiffel a failli être démolie dans les années 30. On la conserva parce qu'elle servait déjà de siège à des expériences prometteuses en télégraphie sans fil. Si elle n'était pas devenue un émetteur, elle eût été détruite et l'amendement qui porte son nom n'aurait jamais été voté. La saga de la tour est presque aussi mouvementée que celle du PAF entre 1986 et 1988. La raison d'être de la tour, c'est plus que jamais la télévision et la radio. Ironie de l'histoire de ce monument.

Où l'UDF impose au RPR la privatisation de TF1

Lorsque François Léotard est nommé ministre de la Culture et de la Communication, il sait qu'il lui incombera de faire voter dans les plus brefs délais une loi réformant en profondeur le secteur de la communication. La plate-forme UDF-RPR ne prévoit rien moins que la privatisation de deux chaînes de télévision. Les experts qui ont essayé, dès le mois de janvier 1986, d'appeler l'attention des politiques sur la quasi-impossibilité de privatiser deux chaînes, surtout au moment où des chaînes privées apparaissent, ne seront pas écoutés : les libéraux souhaitent en découdre avec ce secteur dont on parle tant et à qui l'on prête tout, y compris de faire et défaire les rois.

Peu de politiques appréhendent correctement les vrais enjeux de la communication et de l'audiovisuel. Pour les plus anciens, la télévision n'est qu'un démembrement de l'État dont le contrôle par l'autorité politique s'impose, au même titre qu'une administration. La jeune génération, heureusement, perçoit mieux la prépondérance de l'économie sur la politique, autrement dit de la logique d'entreprise sur l'esprit partisan dans la communication dont la dimension européenne et internationale s'affirme de jour en jour. Les brèches ouvertes dans un monopole des ondes trop longtemps protégé par les libéraux eux-mêmes avant 1981 rendent caducs les vieux bons schémas qu'on pouvait appliquer à l'ORTF. De surcroît, et l'expérience l'a montré, il apparaît que les rédactions audiovisuelles sont de plus en plus indépendantes et autonomes par rapport aux organes dirigeants des chaînes quelle que soit la coloration politique de ces derniers. Le temps où un P-DG pouvait révoquer un présentateur pour impertinence est définitivement révolu. Dans les chaînes privées, il en va de même, quelles que soient la poigne et les méthodes expéditives de certains patrons. Cette relative impuissance des P-DG à « faire le ménage » – René Han, président de la troisième chaîne, ne réussira pas à faire partir de la station régionale corse deux agents protégés par leur statut de délégués syndicaux qui sont pourtant entrés en guerre ouverte contre la direction parisienne – exacerbe les tensions latentes qui existent entre certains parlementaires de la majorité qui ne tardent pas à accuser le gouvernement de laxisme.

– « Personne n'a changé! On dirait qu'il ne s'est rien passé le 16 mars! »

Ce leitmotiv, nous l'entendrons répéter comme une incantation jusqu'au deuxième tour de l'élection présidentielle. Jacques Chirac sera proprement bombardé de lettres, des présidents de région aux vieux caciques parlementaires mais également d'électeurs indignés qui reprochent au pouvoir en place de « n'avoir rien changé » sur le petit écran. Impossible d'expliquer que le gouvernement a précisément délégué ce type de pouvoir à la CNCL : aucun politique ne le croit une seconde.

Faire tomber des têtes... Cela rappelle un peu Valence. François Léotard n'y tient pas. De surcroît, en avril 1986, lorsque la cohabitation s'inaugure, l'audiovisuel est protégé des interventions politiques par la Haute Autorité de la communication audiovisuelle, un organisme de neuf membres nommés par tiers par le Président de la République, celui du Sénat et celui de l'Assemblée nationale. Michèle Cotta, nommée par François Mitterrand qu'elle connaît bien, préside habilement aux destinées de cette commission qui n'a pas hésité à prendre ses distances avec le pouvoir socialiste lorsque, fin 1985, celui-ci s'est passé de son avis pour les attributions des chaînes Cinq et Six. L'opposition n'est jamais vraiment entrée en guerre contre la Haute Autorité et Jacques Chirac se gardera de la critiquer. Dès le début avril, Léotard déjeune discrètement avec Michèle Cotta pour établir avec elle un modus vivendi en attendant que la nouvelle loi réforme cette institution.

Fallait-il en changer? Les partisans du changement l'emportèrent pour deux raisons. La première tient dans l'élargissement des pouvoirs de la future CNCL, compétente en matière d'attribution des fréquences dans tous les domaines alors que la Haute Autorité se bornait à attribuer les fréquences aux radios privées sans disposer d'ailleurs des moyens de faire respecter la règle établie. Il fallait faire entrer des professionnels en plus grand nombre et la doter de services plus importants. La seconde raison tenait à ce que la pression des parlementaires de la majorité se faisait de plus en plus forte pour le « changement » à la télévision. Il est probable que deux ou trois mises au placard symboliques auraient calmé les troupes notamment du côté de l'UDF où les appréciations portées sur la Haute Autorité étaient beaucoup moins flatteuses qu'au RPR. Le statu quo à l'antenne renforça le camp de ceux qui voulaient le remplacement de l'institution voulue par François Mitterrand et créée par la loi Fillioud du 30 juillet 1982 : au moins, disaient-ils, on aura les mains libres.

A vrai dire, personne ne se doutait – nous sommes, rappelons-le, en avril – que la loi serait si longue à faire adopter et les obstacles rencontrés aussi nombreux entre l'obstruction socialiste du Sénat, la mauvaise humeur des parlementaires de la majorité à l'Assemblée et l'annulation partielle du premier texte par le Conseil constitutionnel en raison de l'absence d'un dispositif anticoncentration jugé suffisamment précis. Chacun s'accordait à penser que l'affaire serait emballée pour le 14 juillet. Le choix du Sénat comme première assemblée à discuter du texte s'avéra catastrophique. Faute de pouvoir brandir la menace du vote bloqué (article 49-3), puisque la haute assemblée y échappe selon notre Constitution, des milliers d'amendements, certains d'une incongruité parfaite, furent déposés par les groupes d'opposition. Cela donna le record de durée d'un débat législatif qui sera boudé de bout en bout par le sénateur Cluzel, grand spécialiste des questions audiovisuelles qui n'avait pas caché son hostilité à la privatisation de TF1.

TF1. Le choix de cette chaîne résulte d'un compromis et d'un cheminement intellectuel dont il faut évoquer les grandes lignes. A Matignon, Maurice Ulrich, qui connaît bien l'audiovisuel suite à son passage à la présidence d'Antenne 2, et moi-même sommes partisans de la privatisation d'une seule chaîne, avec une nette préférence pour FR3, société dont la refonte est, qu'on le veuille ou non, absolument nécessaire. Dès le mois de janvier 1986, Ulrich a adressé une longue note à Chirac dans laquelle il insiste sur les risques politiques d'un chambardement trop important du système audiovisuel. La télévision est probablement le secteur le plus sensible aux changements de la règle du jeu. De surcroît, la médiatisation de la vie politique, par le biais du petit écran, ne fait qu'accentuer ce phénomène. Il faut donc procéder avec doigté. Ce langage pragmatique pèche par manque d'ambition libérale. Les caciques de l'UDF vont s'employer à convaincre François Léotard de faire de la réforme de l'audiovisuel l'une des actions emblématiques de cette révolution libérale qu'ils appellent de leurs vœux. La bande à Léo, forte de ce soutien, veut privatiser deux chaînes, Antenne 2 et FR3, et commence à le faire savoir publiquement.

Les experts se mettent au travail, sous la houlette de Xavier Gouyou-Beauchamps, un élégant préfet qui a été porte-parole du président Giscard d'Estaing à l'Élysée avant de devenir président de la SOFIRAD (le holding d'État détenant les participations publiques dans Europe nº 1, à l'époque où cette station n'était pas encore privée, et dans Radio Monte-Carlo) puis de se faire remercier sans ménagement en juillet 1981. Au départ, nous souhaitions un texte d'une dizaine d'articles. Il en comportera plus de cent, tant la matière est complexe. Pas moins d'une vingtaine de réunions interministérielles, au niveau des cabinets, ponctuées de psychodrames divers qui mettront aux prises les représentants des finances (qui veulent tout sauf payer davantage), de la DGT (qui souhaitent préserver l'avenir et contrôler sa déréglementation), de TDF (qui tente de garder des bribes de son monopole), sans compter les lobbies divers bombardant l'entourage de Chirac et Léotard de « messages à faire passer en haut lieu » sur tel ou tel aspect du texte censé remettre en cause leurs intérêts ou leurs positions acquises.

Le choix et le nombre des chaînes à privatiser ont été réservés pour un comité interministériel sous la présidence effective de Jacques Chirac. Le 12 mai 1986 à quinze heures, débute la réunion dans la salle du conseil. Il y a là Balladur, Léotard, Madelin, Longuet, Juppé, Cabana, tous concernés par le dossier mais également Pasqua et Chalandon qui a souhaité être associé à la phase finale de l'élaboration de la loi. Quelques jours auparavant, lors d'un déjeuner avec Chirac, les représentants de la presse quotidienne régionale ont montré quelques réticences lorsqu'il leur a été proposé d'entrer dans FR3 privatisé. Ils ont peur d'avoir à assumer des charges financières trop élevées. Un an plus tard, le discours aura changé; tous ces groupes souhaiteront, d'une manière ou d'une autre, participer au capital de TF1. Quelques jours plus tard, lors d'un déjeuner similaire autour de la presse quotidienne nationale – Serge July et Robert Hersant se retrouvent pour la première fois à la même table –, la perspective de la privatisation de FR3 a rencontré un écho plutôt favorable, notamment de la part du patron du *Figaro*. C'est dire que le débat reste très ouvert quand Chirac passe la parole à Léotard qui « rapporte » sur le texte de loi.

Le Premier ministre souhaite évacuer les problèmes mineurs qui nécessitent un arbitrage – le texte prévoit alors que la CNCL comprendra 7 ou 9 membres [1] – et réserver la discussion sur le choix des chaînes à privatiser. Denise Esnous a dégagé deux heures et nous avons, par conséquent, jusqu'à cinq heures pour trancher. Le débat s'engage. Léotard a proposé la privatisation immédiate d'Antenne 2 et à moyen terme celle de FR3. Il est relayé par Longuet et Madelin sur le thème du respect de la parole donnée dans la plate-forme de gouvernement. Cabana et Juppé, appelés au Parlement devant la commission des Finances, se sont éclipsés. Seul Pasqua se lance dans un vibrant plaidoyer pour que le choix du gouvernement se porte sur FR3. Il insiste sur la chance qui peut être ainsi offerte à la presse régionale. Devant tant de conviction François Léotard a l'air ébranlé. D'autant que Charles Pasqua en remet :

1. La décision de faire passer ce nombre à 13 sera prise une semaine plus tard au cours du déjeûner de la majorité du mardi.

– « Jacques, tu ne peux pas te permettre d'avoir la grève à la télé en plein Mundial de foot. »

Quelques arguments-massue qui font mouche sont ainsi assenés à un auditoire de plus en plus méditatif.

Un ange passe. Quelques apartés s'organisent entre les membres de la bande à Léo. Madelin est le plus offensif.

– « François s'est engagé sur le nom d'Antenne 2. Choisir FR3, cela revient à lui faire perdre la face. De surcroît, c'est une demi-privatisation. Où est, dans ce cas, notre grande ambition libérale? »

La discussion s'engage sur ce thème. Le lendemain, nous apprendrons que François Léotard est allé voir Valéry Giscard d'Estaing quelques jours auparavant. Le fondateur des Républicains Indépendants qui a porté Léotard sur les fonds baptismaux de la politique lui a recommandé de ne pas céder à ce qui apparaît déjà comme la position de Matignon – et partant – du RPR : la privatisation de la chaîne FR3. Léotard fait donner Madelin, selon une répartition des rôles entre les deux hommes qui se reproduira souvent par la suite, le ministre de l'Industrie servant à la fois de grenadier-voltigeur caracolant aux avant-postes et de démineur à Léotard. Madelin développe à présent une argumentation politique à l'intention de Pasqua sur le thème : « Nous avons été élus pour faire du libéralisme... » C'est alors que Balladur avance l'hypothèse de la privatisation de TF1, la chaîne dont le nom n'a presque jamais circulé dans le débat qui oppose les partisans de la solution Antenne 2 et ceux de la solution FR3. Le ministre d'État parle d'une voix douce et avance négligemment une série d'arguments politiques et économiques qui justifient, selon lui, le choix de la chaîne présidée par Hervé Bourges. Pasqua, pris à contre-pied, se tait, plongé dans ses dossiers et dépouille son courrier. L'horloge tourne. A cinq heures, le Premier ministre prononce un discours devant une assemblée de grands patrons. Il faut suspendre la séance. Une nouvelle réunion est programmée pour le mercredi 14 mai à onze heures trente, à l'issue du conseil des ministres. En attendant, les consignes les plus strictes sont données aux uns et aux autres : pas un mot aux journalistes qui, micros tendus et caméras ouvertes, ont envahi le perron d'entrée de l'Hôtel Matignon pour savoir de quel côté penche le fléau de la balance.

Le soir, avec Maurice Ulrich, nous faisons le point de la situation. C'est clair, le Parti Républicain et l'UDF en tiennent pour la privatisation d'un des deux grands réseaux : TF1 ou Antenne 2. Jacques Chirac est à la fois plus pragmatique et circonspect. Il a en sa possession une note de trois pages que je lui ai rédigée concluant à la nécessité de privatiser FR3 d'abord parce qu'un consensus existe à ce sujet mais aussi parce que j'ai la conviction que c'est le bon moyen de régler cette insoluble quadrature du cercle d'une chaîne qui ne fait pas 12 % de l'audience mais qui coûte plus de 3 milliards de francs au contribuable audiovisuel. Au cours du comité interministériel, Jacques Chirac a été très net dans sa conception de ce dossier audiovisuel qu'il ne sent pas.

– « Ne commettons pas l'erreur des socialistes avec l'école libre », a-t-il lancé en guise de propos liminaires, « après il faut se replier sur des positions non préparées à l'avance... »

Il ajoutera :

– « Je ne pense pas que les Français considèrent qu'il s'agit là d'un dossier prioritaire. Cela dit, je respecterai un engagement, surtout s'il est considéré comme essentiel par nos partenaires. »

Chacun des participants aura été, à ce moment-là, fixé sur la position du Premier ministre sur la refonte du système audiovisuel. Mais l'engagement de la plate-forme est là, et les léotardiens ne se privent pas de le rappeler. Sur le fond des choses, Chirac, donc, n'est pas chaud. C'est alors qu'il fera d'ailleurs admettre à la bande à Léo que la privatisation ne touchera qu'une seule chaîne. Pour ce qui le concerne, précise-t-il, il se contenterait volontiers d'un texte court qui accroîtrait les pouvoirs de la Haute Autorité et en réformerait la composition et les compétences. Mais l'UDF, dont les ténors sont très en pointe sur le dossier, rechigne. Abandonner l'un des rares secteurs où peuvent s'appliquer les idées libérales de la plate-forme de gouvernement reviendrait à donner au RPR le monopole de la libéralisation de l'économie et de la société à laquelle, en ce printemps de 1986, chacun veut imprimer sa propre marque. Léotard n'en démordra pas. Balladur le sait. En jetant TF1 en pâture au comité interministériel, il a repris une idée que Michèle Cotta, alors présidente de la Haute Autorité, développait en privé depuis quelques semaines : TF1 possède déjà la grille la plus commerciale, la plus orientée vers le public populaire, sa privatisation – de ce point de vue – reviendrait à mettre en accord le statut de la chaîne à sa « couleur » et à son contenu. De surcroît, cette solution permet d'échapper au duel Chirac-Léotard, par experts interposés, dont la presse commence à se faire l'écho sur le choix de la chaîne à privatiser.

La deuxième réunion va commencer le mercredi 14 mai vers onze heures quarante-cinq. Elle aura lieu en comité encore plus restreint, dans la salle à manger du premier étage. L'atmosphère est plus grave. Léotard prend la parole avec solennité. Il réfute la privatisation de FR3 mais, pour le choix d'Antenne 2 ou de TF1, il le laissera à l'appréciation du gouvernement. Pasqua reste coi. Il est douze heures quarante-cinq. Le temps presse. Balladur remet TF1 sur la table. Léotard acquiesce. Chirac annonce que Messmer lui a également fait part du souhait du groupe RPR que la première chaîne soit privatisée. Le soleil inonde cette belle pièce dont les murs s'ornent de quelques toiles élégantes figurant des ruines romaines peintes par Hubert Robert. Le ministre de l'Intérieur a compris lui aussi que, sur ce chapitre, les exigences de l'UDF ne sont pas négociables. Le sort en est jeté. Il n'y en aura qu'une, ce sera donc la Une. Léotard l'annoncera l'après-midi même, au cours de la séance des questions orales du mercredi, pour couper court aux bruits les plus fous qui circulent depuis deux jours. Chirac dira : « François, il faut que tu l'annonces dès cet après-midi, sinon ce sera dans les journaux demain de façon plus ou moins déformée. Nous sommes trop nombreux pour que ce secret puisse être tenu très longtemps. »

C'est alors que je prends la parole pour démontrer l'avantage qu'il y aurait à annoncer en même temps la suppression de la taxe sur les magnétoscopes, une invention fiscale qui remonte à 1982 et donne lieu à toutes sortes de fraudes mais qui a fini par rapporter, bon ou mal an, un milliard de francs au Budget de l'État. Je me dis que la seule façon d'obtenir la suppression de cette taxe anti-européenne que la rue de Rivoli souhaite bien entendu conserver, c'est de prendre le ministère des Finances par surprise et de coupler cette mesure avec la privatisation de TF1. Léotard saisit la balle au bond.

– « Jacques, puis-je annoncer également la suppression de cette taxe? »

Avant que Balladur et Juppé n'aient eu le temps de réagir, Chirac déjà levé, ses dossiers sous le bras, répond : « Oui. » Et avant que les protestations et les objections puissent fuser de toutes parts, la séance est levée à treize heures pile. Léotard file dans son petit appartement de la place du Palais Bourbon pour peaufiner, avec ses principaux collaborateurs, son intervention de l'après-midi. Quant au Premier ministre, il est déjà parti. Les journalistes qui hantent la salle de presse, n'ayant pas été informés de la tenue de ce deuxième comité interministériel, ne se doutent pas de la petite bombe qui va éclater au Palais Bourbon deux heures plus tard lorsque, en réponse à une question anodine d'un député UDF sur la situation du secteur audiovisuel, le ministre de la Culture et de la Communication fera part à l'Assemblée de la décision du gouvernement de privatiser la Une.

Léo fait du marathon parlementaire

Le Parlement, aux termes de la Constitution, exerce le droit d'amendement sur les projets de lois déposés devant lui par le gouvernement. Le texte rédigé par les services de Léotard sera ainsi soumis, pour commencer, à la commission spéciale du Sénat constituée à cet effet sous la présidence active de Jean-Pierre Fourcade. L'ambiance feutrée qui règne dans les salons somptueusement meublés du palais de Marie de Médicis, assourdie, si elle pouvait l'être, par l'épaisseur de la moquette digne d'un club anglais, correspond mal à la pugnacité légiférante dont savent faire preuve, lorsqu'ils le veulent, les sénateurs. Or ces messieurs avaient décidé de marquer de leur empreinte ce texte préparé par un jeune ministre que certains jugeaient inexpérimenté et mal entouré. Le sénateur Cluzel, spécialiste des questions audiovisuelles qui livre chaque année à la sagacité des journalistes spécialisés un volumineux rapport sur l'état de la télévision, considérant qu'il n'avait pas été associé à la préparation du texte, ne parut pas en séance au cours des débats interminables qui durèrent deux mois entiers. Ses collègues, en revanche, ne se privèrent pas de proposer de nombreuses modifications au texte. Le groupe sénatorial socialiste avait, pour sa part, décidé de jouer l'obstruction parlementaire. Près de deux mille amendements furent préparés et jetés en pâture à un auditoire de plus en plus somnolent dont les effectifs se réduisaient au fil des jours de la semaine, pour finir, le vendredi soir, avec les permanenciers élus de la région parisienne qui supportaient de plus en plus difficilement cette guérilla animée principalement par le sénateur Michel Dreyfus-Schmidt, transformé pour la circonstance en véritable spécialiste de l'exposé pour ne rien dire mais qui dure quand même dix bonnes minutes. Impavide et stoïque, Léotard établit son campement au palais du Luxembourg, entouré des collaborateurs chargés de préparer les réponses aux amendements. Coincé entre l'obstruction de l'opposition et la rigidité de la commission spéciale présidée par Fourcade, le ministre de la Culture et de la Communication rattrapa en quelques jours ce que plusieurs années de carrière ministérielle lui auraient apporté en matière d'apprentissage de la patience et de la ruse que doit posséder un membre du gouvernement chargé de faire passer devant le Parlement un texte qui déchaîne passions et polémiques en tous genres avant même d'avoir été discuté.

L'exercice commençait vers dix heures du matin et s'achevait à l'aube du jour suivant, avec une interruption de quelques heures pour le déjeuner (les sénateurs sont généralement des amateurs de bonne chère et le restaurant du Sénat offre une carte imbattable sur le rapport qualité/prix, assortie d'une cave excellente). Lorsque son emploi du temps l'empêchait d'être présent, François Léotard déléguait ses pouvoirs à Philippe de Villiers. Plus on avançait en juillet et moins l'atmosphère de la haute assemblée était cordiale. Lorsqu'il venait à Xavier Gouyou-Beauchamps des idées d'amendement du gouvernement destinées à améliorer son texte, il lui fallait des trésors de diplomatie pour faire accepter des modifications qui n'avaient pas été expressément avalisées par la commission spéciale. Les seuls à présenter une mine guillerette étaient les instigateurs de la guérilla parlementaire qui avaient manifestement abandonné toute velléité de repartir vers leur campagnes pendant l'été. Si le temps a parfois semblé suspendre son vol au Sénat, l'usage de l'article « 49-3 » accéléra en revanche le débat à l'Assemblée nationale qui s'achèvera par un rejet de motion de censure après un discours prononcé par le Premier ministre le mardi 5 août à vingt-trois heures trente devant un hémicycle plein à craquer.

Lorsqu'on n'est ni ministre, ni parlementaire, il est extrêmement difficile de pénétrer dans l'enceinte de l'Assemblée réservée selon le règlement aux seuls parlementaires. Il faut se faire attribuer une qualification de « commissaire du gouvernement ». Muni de ce certificat – qui prend la forme d'un décret du Premier ministre – on a le droit de s'asseoir dans l'hémicycle, sur les bancs situés derrière la banquette du gouvernement, ce qui permet de glisser à l'oreille de son patron les éléments dont il a besoin pour s'exprimer sur un amendement ou répondre à une interpellation. Au Sénat, le règlement est beaucoup plus lâche. On peut entrer et sortir, aller et venir dans les travées pour échanger quelques propos avec les sénateurs. A l'Assemblée, en revanche, pas question pour un simple conseiller du ministre d'ouvrir un journal en séance – cette prérogative est réservée aux seuls parlementaires –, ni d'ouvrir ostensiblement un dossier ou un parapheur – cette faculté est réservée aux ministres. Les collaborateurs des membres du gouvernement sont censés jouer les hommes invisibles au Palais Bourbon. Heureusement, la buvette reste un lieu de ralliement où les clivages politiques disparaissent volontiers. Autour d'une menthe à l'eau, très tard dans la nuit, il n'est pas rare d'assister au spectacle d'un ministre qui a été pris à parti par un contradicteur, deviser avec ce dernier comme si de rien n'était. La buvette est à l'Assemblée ce que le vestiaire, où on laisse ses querelles, est à un stade.

11 août 1986. La loi est adoptée en commission mixte paritaire regroupant pour moitié des députés et des sénateurs. En fait la procédure est d'usage lorsque les deux assemblées n'ont pas voté la loi dans des termes identiques. La « CMP » est le champ clos de tous les marchandages entre le gouvernement, l'Assemblée nationale et le Sénat. Les participants, en nombre restreint, se réunissent généralement tard dans la soirée, après un dîner-buffet et en présence du ministre seul dont les conseillers attendent sagement dans l'antichambre. Là, à l'abri des regards et des oreilles indiscrètes, commencent les tractations entre le pouvoir exécutif et le législateur. On a souvent écrit que la Constitution de la Cinquième République faisait la part trop belle au gouvernement par rapport au Parlement. En pratique, et notamment grâce au mécanisme de la « CMP », les parlementaires ont la faculté « d'échanger » tel amendement gouvernemental contre une mesure qu'ils ont préconisée mais que le gouvernement a refusée en séance. De cet ultime débat à huis clos, sort – enfin – le texte de la loi votée. Pour qu'elle s'applique, il reste au Président de la République à la promulguer et à la faire publier au *Journal officiel.* Mais il faut, auparavant, qu'elle n'ait pas été déclarée inconstitutionnelle par le Conseil constitutionnel.

Toutes les lois votées sont désormais déférées devant cette instance composée de neuf éminents juristes nommés, par tiers, par le Président de la République, le président du Sénat et celui de l'Assemblée nationale dont les bureaux occupent une aile du Palais-Royal. La saisine du Conseil constitutionnel est devenue – ce qu'elle ne devrait pas être – un acte normal d'opposition parlementaire. Il suffit de rassembler soixante signatures de députés ou de sénateurs et d'argumenter le recours pour que le Conseil constitutionnel s'en saisisse. Un mois plus tard environ, le verdict tombe : conforme ou non conforme, pour la loi dans son ensemble ou certains de ses articles. Il suffit qu'une disposition ait été déclarée anticonstitutionnelle pour retarder l'application d'un texte jusqu'à sa modification législative. La première version de la loi Léotard achoppa sur l'absence d'un dispositif réprimant la concentration des entreprises de communication jugé suffisamment précis. Aux premiers jours de septembre, le verdict tomba : la loi pouvait s'appliquer mais il fallait revoir la copie pour certains articles.

La détermination des critères et des seuils au-delà desquels on peut dire qu'une entreprise détient une position dominante dans un secteur aussi complexe que celui de la communication se révéla un exercice redoutable qui occupa un petit groupe d'experts pendant plus de vingt heures dans l'élégante bibliothèque qui jouxte, au rez-de-chaussée de l'Hôtel Matignon, le bureau du secrétaire général du gouvernement. Le dispositif fut testé, à titre tout à fait confidentiel, auprès du secrétaire général du Conseil constitutionnel, le conseiller d'État Bruno Genevois, juriste redoutable à la mémoire étonnante, avant d'être à nouveau soumis au Parlement. Nous avions confectionné un vêtement cousu main, destiné à s'adapter le mieux possible au corps d'un patient dont nous ne connaissions ni la taille ni le poids puisque nul ne sait, au fond, ce que sera le paysage européen des entreprises de communication au cours des années à venir. En revanche, nous sacrifiâmes à cette tradition bien française qui se plaît à légiférer a priori même si, très vite, il apparaît que la loi n'est pas des mieux adaptées au secteur où elle s'applique...

Le 30 septembre 1986, la loi était promulguée et publiée au *Journal officiel*. Léotard pouvait s'estimer heureux. Le marathon législatif s'achevait, au bout de quatre mois. La grande fête du PAF pouvait, enfin, commencer.

Dîner de têtes

27 novembre vingt heures trente. Le Premier ministre a invité à dîner la CNCL au grand complet. Un quart d'heure plus tôt, il a reçu en tête à tête dans son bureau Gabriel de Broglie, élu Président par ses pairs après une semaine de campagne intense puisque pas moins de trois autres membres de cette institution éphémère se déclareront candidats. En fait, l'affrontement le plus sévère mettra aux prises les deux anciens membres de la Haute Autorité, Gabriel de Broglie et Jean Autin dont les relations s'en trouveront d'ailleurs durablement affectées. Que se sont dit Jacques Chirac et Gabriel de Broglie? Nul ne le sait sinon eux-mêmes puisque l'entretien se déroula sans témoin. Au bout d'un quart d'heure, Jacques Chirac rejoint le fumoir, en traversant le bureau d'Ulrich tandis que Broglie passe par l'antichambre, pour rejoindre les autres membres de la CNCL, qui prennent l'apéritif en attendant leur hôte.

Le fumoir est la seule pièce de Matignon où l'on trouve des œuvres d'art contemporain : un superbe tableau de

Soulages (que Pompidou adorait) et une table basse dont le plateau est constitué par un tableau d'Yves Klein noyé dans du plexiglas.

Dîner plutôt surréaliste. A gauche de Jacques Chirac, Catherine Tasca [1] découvre l'homme, son charme, son allant, mais aussi ce qu'elle doit considérer comme d'affreux excès de langage, notamment lorsque Chirac déclare, sous forme de boutade, que les chaînes RFO et RFI doivent être « bien entendu » considérées comme « la voix de la France ». Les deux membres de la CNCL nommés par l'Élysée, visiblement, n'apprécient pas le trait d'humour et piquent mélancoliquement leurs fourchettes dans les cuisses de perdrix aux choux que le chef a dressées avec maestria sur de longs plats présentés aux convives avec une lenteur cérémonieuse par les officiers mariniers qui, à Matignon, font office de majordome.

Les autres convives sont détendus. François Léotard plaisante avec Roger Bouzinac. Denis Baudouin raconte des anecdotes pompidoliennes. Maurice Ulrich, silencieux, écoute et sourit. Pour le café, nous passons au fumoir. De petits groupes se forment. Il s'agit d'aborder le morceau de choix dont il n'a, pour l'instant, été question, pas même entre la poire et le fromage : la nomination des P-DG des sociétés audiovisuelles. Tous sont en sursis à l'exception d'Hervé Bourges, sauvé par le Conseil constitutionnel jusqu'à la privatisation de sa chaîne. Des listes de candidatures circulent. J'ai reçu, pour ma part, une vingtaine de candidats, venus à Matignon persuadés que nous allions faire toutes les nominations, exposer qui leur plan d'entreprise, qui leur plan de carrière et même – plus naïvement – leurs états de services rendus. Spectacle assez étonnant auquel

1. Nommée par le Président de la République membre de la CNCL.

je finirai par m'habituer. Le pouvoir, c'est cela aussi. Les quémandeurs sont sans complexes. Et en France, on ne fera croire à personne que le pouvoir ne tire pas les ficelles, toutes les ficelles, fussent-elles des câbles.

Les conciliabules vont bon train. Les cuillers tournent dans les tasses tandis que certains regards s'allument. Déjà, certains membres de la CNCL suggèrent qu'il faut changer tous les P-DG. Argument principal : faute de quoi on va avoir l'air de choisir entre des bons et des mauvais. Choisir. C'est ce refus de choisir, précisément, qui va coûter cher à la CNCL. Michel Droit est l'un des rares à parler d'autre chose que des nominations des P-DG. Il s'est isolé avec Jacques Chirac et lui raconte ses chasses en Afrique tandis que bruissent des noms, chacun s'efforçant de parler à voix basse, voire à mots couverts.

Les invités se séparent après les cigares et les digestifs. Chirac demande à Ulrich sa ration de notes préparées par ses collaborateurs qu'il lui remettra le lendemain matin annotées au feutre rouge.

Quelques jours plus tard, tomberont les nominations des nouveaux P-DG. Le tollé et le tohu-bohu commenceront. Ils ne lâcheront plus les baskets des membres de la CNCL. Gabriel de Broglie, qui souhaitait conserver Jean Drucker à la présidence d'Antenne 2 sera battu par une majorité de ses collègues. Les candidats « UDF » à une présidence : Gouyou-Beauchamps, Bassi auquel Giscard a remis la légion d'honneur devant un parterre où se mêle tout ce qui compte en politique (Chirac est là) et en audiovisuel, Lecat et d'autres dont je tairai les noms – parce qu'ils souhaitèrent, à l'époque, conserver l'anonymat – sont éliminés. Le plus curieux est que malgré la pléthore de candidats, il semble que pour FR3 et RFO, la CNCL ait eu les plus grandes difficultés à trouver le profil idéal tant il est vrai qu'il faut être un surdoué de la gestion doublé d'un chef charismatique pour mener à bon port ces pétroliers géants dont la dérive inertielle ne les conduit pas toujours où l'intérêt des téléspectateurs commanderait.

Dans son discours d'installation de la CNCL, prémonitoire, Jacques Chirac a déclaré que l'institution aurait besoin de temps pour asseoir son indépendance et son autorité. Elle travaillerait – comme tout organisme de ce type situé dans l'œil du cyclone audiovisuel – sous les feux de la critique. Il ne croyait pas si bien dire. Peu de malheurs auront été épargnés aux 13 sages. Pas même les mises en cause personnelles dans des affaires où la justice sera saisie. Michel Droit imaginait-il le véritable calvaire qu'il allait vivre avec une inculpation pour forfaiture et corruption dans l'attribution des fréquences radio de la région parisienne à la suite de la plainte d'un avocat fantasque prénommé Jean-Louis Bessis, pionnier de la télévision pirate, qui était venu me proposer en 1985, à l'Hôtel de Ville, de céder à Jacques Chirac le matériel de sa télévision pirate qui émettait alors dans le XVe arrondissement? A l'époque, Bessis était au plus mal avec le gouvernement socialiste et Fillioud avait engagé des poursuites contre lui. Pourquoi Bessis deviendra-t-il l'adversaire acharné de la CNCL? Mystère. Quant à Michel Droit, s'il est un membre de la CNCL qui a regardé de très loin ce problème assez nauséabond des fréquences des radios privées, c'est bien lui. Yves Rocca, magistrat de la cour de cassation, un homme de caractère et de courage, s'était lui-même saisi de ce dossier où l'on trouve tout : des entreprises honnêtes ayant pignon sur rue mais aussi quantité d'aigrefins qui ont su, en 1982-1983, s'introduire sur la bande de modulation de fréquence parce qu'ils subodoraient – ce qui se vérifia – qu'une fréquence se monnaierait un jour fort cher. Ajoutez à cela des liaisons inextricables avec les élus locaux de tous bords et les ambiguïtés des mélanges entre le mercantilisme pur et la culture associative. Tous les ingrédients sont réunis pour faire des radios privées le dossier à problèmes. D'autant que la CNCL héritait d'une situation explosive, la Haute Autorité n'ayant pas réussi à mettre de l'ordre sur la bande hertzienne, où des pirates émettent illégalement sur des fréquences ne leur appartenant pas, ce qui conduit de nombreuses radios à s'affranchir du respect de la puissance autorisée pour leurs émissions. De surcroît, c'est dans la radio que la contradiction est la plus flagrante entre la pénurie des fréquences et le nombre des candidats à leur exploitation. Il suffit de 50 000 F de matériel pour émettre et prétendre à un statut de radiodiffuseur.

Les contestations culminèrent pendant tout l'été de 1987 lorsque la CNCL procéda au renouvellement des autorisations pour la radio sur Paris et sa région. A Matignon, les lettres d'intervention se multipliaient. On me demandait d'intervenir comme si c'était moi qui disposais de ces fréquences. La plupart du temps, je me voyais contraint de renvoyer fort poliment ces quémandeurs incrédules vers la CNCL. L'affaire prit un tour beaucoup plus désagréable avec l'inculpation d'un collaborateur administratif de la CNCL soupçonné de s'être fait payer un billet d'avion au Maroc par le responsable d'une radio arabe financée par l'Arabie Saoudite. Ce pauvre garçon dont la femme se trouvait enceinte fut jeté en pâture à l'opinion.

Comme il s'agissait d'un fonctionnaire détaché du secrétariat général du gouvernement, j'intervins pour qu'on lui garde au moins son salaire lorsqu'il se vit contraint de prendre un congé. Tout inculpé étant présumé innocent, je dus rappeler cet adage à l'un de ses supérieurs hiérarchiques qui proposait sa mise à pied pure et simple. S'il ne fait pas bon être connu et influent, dans certaines circonstances, l'anonymat et l'absence de relations sont encore plus terribles lorsqu'on est pris dans certains engrenages.

Ceci ramène au délicat problème de la déontologie de la conduite des membres des cabinets ministériels mais aussi – et surtout – des collaborateurs des nombreuses instances administratives disposant d'un pouvoir économique qui les expose à des tentatives de marchandage pour ne pas parler de corruption.

L'État dispose, dans notre pays, de pouvoirs économiques très importants. La réglementation de l'urbanisme commercial (autorisation d'ouverture des grandes surfaces) constitue, on le sait, un encouragement au trafic d'influence à l'échelon local. Dans quantité d'autres domaines, c'est l'État qui détient la clé de l'enrichissement pour des entreprises ou des particuliers. Les cabinets ministériels peuvent devenir des cibles pour des individus peu scrupuleux. C'est très rare, heureusement, mais cela peut exister.

En revanche, ce qui l'est beaucoup moins, ce sont les faveurs dispensées par certaines entreprises aux conseillers influents des ministres. Cela va du repas très anodin, à l'invitation plus voyante en week-end jusqu'à la croisière ou le charter en Concorde. A Matignon, la consigne était claire : pas de liaisons dangereuses. Un conseiller se vit ainsi déconseiller de répondre à l'invitation d'UTA pour le vol inaugural Paris-Los Angeles! Foin de croisières, ni de découvertes de l'Australie comme cela me fut proposé. Tout juste des invitations à la finale de Roland-Garros avec déjeuner au village sous la tente d'une grande maison d'édition qui oublia de m'inviter lors de la finale de 1988... Le pouvoir politique, par définition, reste précaire. La tentation n'est pas négligeable pour des individus faibles sur le plan moral, ou peu scrupuleux, dont le statut ne leur permet pas d'envisager sereinement, en cas de défaite, le retour dans un grand corps. Les énarques qui peuplent les cabinets ministériels ont au moins cet avantage. A l'inverse, celui qui, conscient que le vent peut tourner, ne disposant pas d'un corps d'origine, peut être entraîné à monnayer un service ici ou là contre un « renvoi d'ascenseur ».

Reste que la fréquentation des « grands » du monde de la politique et des affaires peut tourner la tête. « L'establishment », pragmatique, vous traite bien. De là à imaginer que le club vous intègre d'office il y a un pas que certains franchissent imprudemment. Vous y serez admis, peut-être, si vous accomplissez bien vos classes. Et le passage en cabinet ministériel ne constitue pas obligatoirement un brevet de bonne conduite. Sans compter les inimitiés tenaces que vous vaut inéluctablement toute fonction de conseiller d'un prince dès lors que celui-ci ne peut dire oui, ni plaire à tout le monde. La reconnaissance s'oublie vite. Quant aux rancunes, elles sont parfois indélébiles.

Antichambres

La vie quotidienne à Matignon est ainsi faite qu'il est impossible d'être à l'heure. Les visiteurs sont condamnés à faire antichambre. Quelques puissants patrons, peu habitués à attendre, rongent leur frein et font bonne figure. Lorsque le rendez-vous commence, il est souvent interrompu par la sonnerie de l'interministériel. Quand un ministre vous appelle, vous êtes obligé de le prendre et d'engager une conversation que vous vous efforcez de rendre elliptique sous l'œil de plus en plus étonné de votre visiteur qui risque de vous prendre pour un goujat doublé d'un esprit confus. Jacques Chirac fait rarement attendre ses visiteurs. Lorsque mon emploi du temps, miraculeusement, me laisse un quart d'heure de battement, je m'amuse à faire un tour dans l'antichambre du Premier ministre, pour y apercevoir d'illustres personnages dont certains me font l'impression d'être singulièrement penauds dans ce rôle – qui n'est plus le leur – du visiteur-quémandeur qui attend. Un jour de janvier 87, Bernard Tapie patientait, l'air plutôt maussade, sur une chaise, face à Francis Bouygues, toujours impérial, sur le canapé Louis XV où les huissiers ont pour consigne de faire asseoir les hôtes de marque du Premier ministre lorsque le fumoir n'est pas libre. Ni Francis Bouygues, ni Bernard Tapie ne se doutaient que Jean-Luc Lagardère, au même moment, attendait précisément dans le fumoir attenant avant de rencontrer Jacques Chirac quelques instants pour essayer de plaider une baisse – peine perdue – du prix de TF1... Un auteur de théâtre pourrait écrire une pièce amusante sur ce qui se passe dans les antichambres du pouvoir, sur ce ballet orchestré par des huissiers où des hommes et des femmes qui font la « une » des journaux entrent et sortent, comme dans Marivaux, tels les acteurs de cette pièce que Françoise Giroud a joliment baptisée « Comédie du pouvoir ».

Parfois, l'antichambre se pare de couleurs de boubous et de décorations : Jacques Foccart amène au Premier ministre son lot hebdomadaire de ministres et de hauts dignitaires africains. Ou encore ce sont des syndicalistes reconnaissables à leur tenue vestimentaire soigneusement démodée mais rassurante et à leur teint d'amateur de bonne chère, dont le but essentiel consiste à se faire filmer par la télévision sur le perron à l'issue d'une audience, pour annoncer la bonne nouvelle d'un avantage « arraché » par leurs soins aux pouvoirs publics ou encore brandir le spectre d'un brasier social en l'absence, comme ils se plaisent à le dire, de « grain à moudre » ou de « fibre sociale ».

Crise à l'AFP

Les syndicats français sont le contraire du monolithisme. Comme pour les grandes familles, ici, tout est affaire de « branche ». « FO banque », par exemple, sera ainsi infiniment plus révolutionnaire que la « CGT métallurgie » dont le « sens des responsabilités » pourra confiner, dans certains cas, à la présomption de cogestion avec le patronat. La crise de l'AFP de décembre 1986 restera gravée dans la mémoire sociale de notre temps comme un conflit exemplaire, avec son lot de règlements de comptes et de langue de bois syndicale. Conflit d'autant plus complexe qu'il va mettre aux prises la CGT et FO. Dans certaines entreprises du secteur audiovisuel et de l'information, FO est beaucoup plus pugnace que la CGT : les trotskystes y font la loi; ils ont pour leader le propre fils d'un des chefs de file historiques du trotskysme français. Quant à la CFDT, ses positions sont généralement si raisonnables et délibérément pragmatiques qu'elles lui valent des résultats plutôt médiocres aux élections professionnelles.

Quinze jours avant Noël, éclatait à l'Agence France Presse l'une des grèves les plus dures de son histoire. Six mois auparavant, Henri Pigeat, président de l'Agence, avait pourtant obtenu de Jacques Chirac, qu'il connaît bien, des rallonges budgétaires d'un montant de 150 millions de francs moyennant un plan de restructuration et d'économies qui devait se traduire par une suppression de 200 emplois. Au fil des ans, l'agence s'est syndicalisée; le pouvoir y est partagé entre la direction de l'entreprise et certaines organisations syndicales. Force Ouvrière est aux mains des trotskystes. Ce sont eux qui mènent la danse. Elle aboutira à la démission d'Henri Pigeat à la fin de l'année, après des journées houleuses et une série de mini-complots fomentés par ceux, plus nombreux qu'on l'imagine, candidats à ce prestigieux fauteuil présidentiel dont la suite allait révéler qu'il était éjectable.

Le statut de cette entreprise perpétuellement déficitaire est hybride. L'AFP a la couleur d'une entreprise de presse mais n'en est pas une. Elle survit grâce à l'énorme masse des abonnements qu'elle sert à l'administration de l'État. Son personnel tient par-dessus tout à la « vocation mondiale » de l'agence, c'est-à-dire à la présence de correspondants dans presque toutes les zones du globe; tout cela coûte cher, d'autant que les structures de gestion sont lourdes et qu'une convention collective se traduit chaque année par une augmentation de la masse salariale de près de 20 %. Ce tonneau des Danaïdes avait commencé à prendre l'allure d'un bateau ivre dès 1975. Illustration frappante du phénomène, l'intersyndicale, au moyen d'un circuit d'interphone intérieur, dispose à tout moment des moyens d'appeler le personnel à cesser toute activité sans que la direction puisse réagir...

Naturellement, Matignon est alors bombardé de « messages » et de coups de fil « d'amis qui vous veulent du bien ». La cible est désignée : Pigeat, toujours lui, que les syndicats affublent des noms d'oiseaux les plus divers. Très vite, la situation paraît désespérée. Le P-DG cristallise contre sa personne toute la puissance syndicale d'une maison qui doute d'elle-même depuis que trois semaines auparavant, la mairie de Paris a porté plainte contre la diffusion d'une dépêche faisant état de la présence de provocateurs, sortis des locaux de l'Hôtel de Ville, dans les manifestations étudiantes consécutives à la loi Devaquet.

André Bergeron qui est l'un des rares personnages de la République à pouvoir joindre Chirac à n'importe quelle heure de la journée demande au Premier ministre de faire recevoir à Matignon une délégation de grévistes. Quelques jours plus tôt, il l'a dissuadé d'accorder à Longuet sa réforme de France Télécom car c'est à la Poste et au Téléphone que Force Ouvrière puise le gros de ses troupes, en faisant planer la menace d'une grève aux PTT. Je les recevrai le 15 décembre. Le chef des « insurgés » est Boussel, le fils du candidat trotskyste à l'élection présidentielle de 1988. Pigeat me reprochera par la suite de l'avoir lâché devant la pression syndicale. L'atmosphère est tendue. Tout acquiescement de ma part pourrait être interprété comme une capitulation gouvernementale. Je m'en sors en réaffirmant l'objectif de maintien à l'agence de sa vocation mondiale sans qu'il soit possible, pour autant, d'échapper à sa modernisation et à la réduction des frais généraux. Il faut trouver un successeur à Pigeat. Je ne recevrai pas moins de quinze lettres de candidature sans compter les coups de fil innombrables pour recommander tel ou tel. Certains compères, qui se voient déjà succéder à Pigeat, annulent prudemment leurs vacances de Noël afin d'être plus rapidement joignables au téléphone. Un tel afflux de volontaires prêts à aller au feu reste pour moi une énigme. Il faut croire que le prestige de la fonction opère comme un miroir aux alouettes auprès de ces impétrants, tous prêts au sacrifice. Le président étant élu par le Conseil d'administration de l'agence où les représentants de l'État sont minoritaires, la balle se situait pourtant dans le camp du gouvernement. C'est lui qui dispose, en réalité, du pouvoir de mettre l'entreprise en dépôt de bilan si la subvention n'est pas versée. Jean-Louis Guillaud, ancien P-DG de TF1, devenu directeur des activités audiovisuelles du groupe Hachette, apparut très vite comme le seul professionnel capable de prendre la barre du navire. De surcroît, il n'était pas candidat et accepta cette mission difficile après un entretien en tête à tête avec Jacques Chirac. Certains crièrent haro sur la chiraquisation de l'AFP, notamment lors de la cérémonie des vœux à la presse dans les salons de Matignon où, interrogé précisément par une journaliste de l'AFP, le « Premier » avait fait l'éloge de Guillaud alors que celui-ci ne devait être élu que le lendemain... Certains membres du Conseil d'administration de l'AFP, paraît-il, s'en offusquèrent faisant montre d'une tartuferie à toute épreuve. Mais il est des tabous commodes derrière lesquels on s'abrite volontiers. Et ce n'est pas le paradoxe qui étouffe ceux qui dénoncent de la main droite la main-mise du pouvoir tandis que leur main gauche vient quémander au dit pouvoir la légitime promotion qu'ils appellent de leurs vœux.

Fin de partie

Lundi 9 mai 1988 midi. Je suis reçu en tête à tête par Jacques Chirac. Il a tenu à voir ses principaux collaborateurs pour examiner avec eux un point de chute. Les fenêtres de son bureau sont ouvertes et une légère brise chasse l'odeur de tabac froid qui imprègne les lieux. La veille au soir, l'ensemble du cabinet a dîné par petites tables. Nous avons parlé de tout sauf de l'élection. Nous avons même coupé le son des téléviseurs. Chirac et son épouse sont passés vers vingt-deux heures trente, avant de regagner l'Hôtel de Ville, pour dire un mot gentil à chacun des convives. A présent, il me fait face, assis derrière son bureau sur lequel il n'y a jamais, selon la méthode pompidolienne, un seul papier qui traîne. J'ai bredouillé ma fidélité, en refusant qu'on parle de ma carrière. Je sais qu'il pense déjà à la réorganisation du dispositif de l'Hôtel de Ville, pour laquelle il a convoqué, la veille du deuxième tour, Ulrich et Naftalski (son directeur de cabinet à la mairie). Je n'arrive pas à croiser son regard.

La traversée du désert commence ici, sous les lambris dorés des palais que d'autres, incessamment, vont occuper. A treize heures, le déjeuner de la popote atteint des sommets culinaires : les cuistots du contingent ont mis les petits plats dans les grands. Roussin fait apporter des cigares et des vieilles liqueurs. Déjà les déménageurs entassent les cartons dans les camionnettes. Flash-back sur notre arrivée, le départ de Fabius, les mêmes cartons, les mêmes boîtes sanglées amenées par les Archives nationales. L'histoire bégaierait-elle? Le personnel permanent de Matignon, qui en a vu d'autres, se prépare à accueillir les suivants. Chacun en profite pour en prendre un peu à son aise et les dames pour aller faire des courses au Bon Marché ou dans le quartier.

Mardi 10 mai quinze heures. Chirac va apporter sa lettre de démission à Mitterrand. Tous ses collaborateurs sont réunis dans l'antichambre de son bureau. Moulinier, le benjamin de la bande, lui offre une paire de boutons de manchette de chez Boucheron pour laquelle nous avons tous cotisé. Nous descendons une dernière fois l'escalier du vaste hall dont les murs de stuc sont décorés de faux marbre. La voiture l'attend, arrière collé aux marches du perron. Les photos crépitent et les caméras tournent. A seize heures, ordre du directeur de cabinet : nous devons avoir vidé nos bureaux. Dehors, il fait de plus en plus beau. Les flaques font des taches bleues du ciel. Dans quelques heures, d'autres vont prendre possession de ces lieux et respirer à leur tour l'odeur un peu âcre qu'exhale tout déménagement lorsqu'on emménage dans ses nouveaux meubles.

Table des matières

CET OUVRAGE
A ÉTÉ COMPOSÉ
ET ACHEVÉ D'IMPRIMER SUR ROTO-PAGE
PAR L'IMPRIMERIE FLOCH À MAYENNE
EN MAI 1989

N° d'impression : 27950.
Dépôt légal : mai 1989.
Imprimé en France